Bridges Series VI
Serie Puentes VI

The Memory Pond
El remanso de evocaciones

Bridges Series VI
Serie Puentes VI

The Memory Pond
El remanso de evocaciones

Poets
Elana Wolff
Lucía Esther Muñoz Maceo
Don Gutteridge
Luis Carlos Suárez Reyes

Artist
Juan Luis Maceo Núñez

Editor
MSc Miguel Ángel Olivé Iglesias

First Edition

Primero Edición

Library and Archives Canada Cataloguing in Publication

Title: The memory pond = El remanso de evocaciones / poets, Elana Wolff, Lucía Esther Muñoz Maceo, Don Gutteridge, Luis Carlos Suárez Reyes ; artist, Juan Luis Maceo Núñez ; editor MSc Miguel Ángel Olivé Iglesias.
Other titles: Remanso de evocaciones

Names: Wolff, Elana, 1957- author. |
    Muñoz, Lucía, 1953- author. |
    Gutteridge, Don, 1937-2023, author. |
    Suárez, Luis Carlos, 1955- author. |
    Núñez , Juan Luis Maceo, 1968- artist. |
    Olivé Iglesias, Miguel Ángel, 1965- editor.

Description: First edition. | Series statement: Bridges series = Serie puentes ; VI [6] | Text in original English and Spanish with Spanish and English translation.

Identifiers: Canadiana 20240405137 | ISBN 9781998324071 (softcover)
Subjects: CSH: Canadian poetry (English)—21st century. | LCSH: Cuban poetry—21st century. | CSH: Canadian poetry (English)—21st century—Translations into Spanish. | LCSH: Cuban poetry—21st century—Translations into English. | LCGFT: Poetry. | LCGFT: Literature.

www.WetInkBooks.com

Title / Título:
Bridges Series VI – *The Memory Pond* /
Serie Puentes VI – *El remanso de evocaciones*

Poetry by / Poesía de: Elana Wolff,
Lucía Esther Muñoz Maceo,
Don Gutteridge,
Luis Carlos Suárez Reyes

Editor / Editor: MSc Miguel Ángel Olivé Iglesias

Assistant Editor / Editor Asistente: BEd Jorge Alberto Pérez Hernández

Proofreading / Revisión: Miguel Ángel Olivé Iglesias,
Jorge Alberto Pérez Hernández

Translation Work / Traducción: Miguel Ángel Olivé Iglesias

Cover Art / Imagen de portada: Juan Luis Maceo Núñez

Inside Art / Imágenes interiores: Juan Luis Maceo Núñez

Cover Design / Diseño de las portadas: Richard M. Grove

Layout and Design / Formato y diseño: Richard M. Grove

To love and unity
between fellow writers
world wide.

Al amor y la unidad entre
colegas escritores de
todo el mundo.

Table of Contents / Índice

Elana Wolff

Lucía Esther Muñoz Maceo

Don Gutteridge

Luis Carlos Suárez Reyes

Acknowledgements

First and foremost, I wish to thank the poets, who offered their work and gave their permission to publish their poems. Also, I am deeply in debt with my friend Richard (Tai) Grove for his allegiance to poetry and promoting fine literature, keeping the cultural bridge he dreamed of back in 2004 open and passable always for Canadians and Cubans. Thank you to the artist who generously allowed us to present his outstanding creation.

Thank you to my wife. I steal hours and hours from the clock thanks to her unconditional support.

Last but not at all least, I take my hat off before PhD Máximo Gómez, a full-blooded Bayamo socio-cultural promoter. When we first met, I had not yet thought about a Bridges VI. He made the idea sparkle and grow in me as we became friends and he introduced me to remarkable Bayamo poets. It is a great pleasure to have in the Bridges Series poets from my hometown. Thank you.

Agradecimientos

Primeramente, quiero agradecer a los poetas, quienes ofrecieron su trabajo y dieron permiso para publicar sus poemas. Además, estoy en profunda deuda con mi amigo Richard (Tai) Grove por su lealtad a la poesía y por promover excelente literatura, manteniendo el puente cultural con el que soñó en 2004 abierto y transitable para canadienses y cubanos. Gracias al artista que generosamente nos permitió presentar su relevante creación.

Gracias a mi esposa. Le robo horas y horas al reloj gracias a su apoyo incondicional.

Por último pero para nada menos importante, me quito el sombrero ante el DrC Máximo Gómez, un promotor cultural bayamés de mucha energía. Cuando nos conocimos, yo aún no había pensado en un Puentes VI. Hizo que la idea relumbrara y creciera en mí en la medida en que nos hicimos amigos y me introdujo en la obra de notables poetas bayameses. Es un inmenso placer que tengamos en la Serie Puentes poetas de mi pueblo natal. Gracias.

Assistant Editor's Words

In my position as Assistant Editor, I have read, whole, *The Memory Pond,* conceived, edited, translated, sweated and loved by my friend Miguel Olivé. Excellent, pertinent title! I am impressed, once more, by his unending capacity to weave worlds together and to give all of himself to the higher end of offering the readers a work of art.

His translation of the poets' poems, a daunting, difficult endeavor, is impeccable. I pick a master's hand behind every word, every meaning, every sense. Reading the poems in their original language then reading them in Olivé's version in the target language, be it English or Spanish, pleasurably arouses similar sensations to those we felt when we read them in the source language. Achieving that in poetry translation is a commendable exploit. Olivé has successfully, aesthetically, profoundly and insightfully done it.

I must say something about the poets. Wolff and Gutteridge are top poets in the Canadian literary mosaic today. They have written, published, been awarded and deeply left their imprint on the country's cultural legacy. Muñoz and Suárez are highly recognized poets in Cuba, with a long list of publications and awards too, which have placed them among the most important poets of their generation. An extra element is that they are from Bayamo, my hometown. It makes me proud and happy to see Bayamo poets appear in the Bridges Series!

The Memory Pond, Bridges Series VI, SandCrab Books, is a book to relish, to dream, to feel, to carry in our memories. Again, Olivé gifts us with his tireless search and find of fine poets and fine poetry to nourish our hearts.

Jorge Alberto Pérez Hernández

Palabras del editor asistente

En mi posición como Editor Asistente, he leído, totalmente, *El remanso de evocaciones*, concebido, editado, traducido, sudado y amado por mi amigo Miguel Olivé ¡Un título estupendo y pertinente! He quedado impresionado, una vez más, por su infinita capacidad para tejer mundos y dar todo de sí por el propósito superior de ofrecer a los lectores una obra de arte.

Su traducción de los poemas de los poetas, una tarea imponente, difícil, es impecable. Noto la mano de un maestro detrás de cada palabra, cada significado, cada sentido. Leer los poemas en su idioma original luego leerlos en la versión de Olivé en el idioma de destino, sea inglés o español, suscita agradablemente sensaciones similares a las que sentimos al leerlos en el idioma matriz. Alcanzar esto en la traducción de poesía es una proeza loable. Olivé lo ha logrado con éxito, con estética, con profundidad y con criterio.

Debo hablar de los poetas. Wolff y Gutteridge son poetas de primer nivel en el mosaico literario canadiense contemporáneo. Han escrito, publicado, han sido premiados y han dejado una profunda huella en el legado cultural de su país. Muñoz y Suárez son dos reconocidos poetas en Cuba, con una larga lista de publicaciones y premios también, lo que los ha situado entre los más relevantes poetas de su generación. Un elemento extra es que son de Bayamo, mi pueblo natal ¡Me hace sentir orgulloso y feliz ver poetas de Bayamo en la Serie Puentes!

El remanso de evocaciones, Serie Puentes VI, SandCrab Books, es un libro para deleitarse, soñar, sentir, llevar en nuestras evocaciones. De nuevo, Olivé nos regala su incansable búsqueda y hallazgo de excelentes poetas y excelente poesía para nutrir nuestros corazones.

Jorge Alberto Pérez Hernández

Posthumous Note:

During the final stages of the editing and preparation of this book, we received the sad, heart-rending news of Don Gutteridge's demise. May *The Memory Pond* be our eternal tribute to his extraordinary life and literary legacy.

The editors, the poets, the publisher, the collaborators

Nota póstuma:

Durante los momentos finales de la edición y preparación de este libro, recibimos la triste, muy dolorosa noticia del fallecimiento de Don Gutteridge. Que sea *El remanso de evocaciones* nuestro eterno homenaje a su extraordinaria vida y legado literario.

Los editores, los poetas, el publicador, los colaboradores

Foreword by the Editor

The Memory Pond shines like a crystalline surface. The title came to me with a sudden breeze of moist pond air and fond remembrances. A pond is natural location and wonderful excuse to surrender to an inspirational milieu where lives, leitmotifs, thoughts, urges, aspirations and dreams bustle and converge. With the book and the imaginary place, which become one, we hope, smile, cry, suffer, love, admire, contemplate, recall—feel. Sensations aflare, the poets' worlds turned into pulsing letters that reach out to us, flowing from their experiences onto an avid sheet of paper.

Babylon dictionary, digital format (hEnglish - advanced version), tells us that memory is "… the faculty of the mind by which it retains the knowledge of previous thoughts, impressions, or events… the reach and positiveness with which a person can remember; the strength and trustworthiness of one's power to reach and represent or to recall the past." Well, our four poets have the genius to keep those imprints and the reach, power and constancy to represent them in a genuine, singular, appealing way.

Reading them, their words and lines and between-the-lines, prompted notions of involvements and events perceived by their insight-fulness and captured by their poetic pen. Memories cross the many-sided, broad cultural shores offering the poets' lifetime waters to the keen reader, in an act of profound personal pursuit of fulfillment but also a confessional moment of sharing what they have to say and cannot withhold inside of them.

The Memory Pond is a crystalline surface. It will be misty or troubled or blurred, even shallower sometimes; but its core brilliance will prevail time and again to regale us ripples of remarkable poems born in the poets' intimate melting pot of creation. Their minds are ever in aesthetic-cognitive-critical motion, a perpetuum mobile of sharp observation and tasteful tropes.

Starting with Elana Wolff's impressive skill to mould the lines at will (see essay on Wolff in Appendixes) as she proposes first-hand dialogues with birds, a unique perspective of reality sieving flowers (recalcitrant tigers!) and feelings, and her enigmas of meanings and messages:

Absence is only a physical thing.
I remain committed—

not for the sake of any impression,
though you do impress me. Yes—
I want this word to last.
If you don't believe, let me
(from "Hummingbird").

We continue with sweet Cuban Lucía Muñoz's dazzling imagery and local-universal themes, where she runs from the night's winds, for example, to find perfect shelter in her lover's hand's cup:

I lie,
tenderly cuddled up
running from the night's wind,
from all of the world's noises,
that hurt me,
to be always
that droplet of water in your hand
(from "A Droplet of Water").

There is suggestive warmth in her penmanship, signed by the cosmic aura of time and life echoing, quietly, in her pieces (see essay on Muñoz in Appendixes). Muñoz is called the "Sweetheart of Bayamo," her hometown, and mine.

The two gentlemen reveal no less. Don Gutteridge has been called the Prince of Canadian Contemporary Poetry by Richard Grove (see essay on Gutteridge in Appendixes), which suits him just great. His poetry exudes nobility and sentiment, finely accompanied by his adherence to rhythm and cadence, we hardly ever read today:

a shy shuffle or the tap
of a toe or a hum in the blood,
but once begun, the genders
blended, letting go,
losing their all in the
daft delirium of the dance
(from "Tea Dance").

His Cuban counterpart, Luis Suárez (Muñoz's husband), strums lyrical strings too with passionate surrender and seasoned knack (see essay on Suárez in Appendixes). His style leads him across well-carved metaphors borrowed from his muse friends, which recreate for tomorrow a canvas of yesterdays and todays, where his context and people around him play a key role. Suárez plays with the lines as his tumultuous thoughts land on the sheet of paper with an elaborate ethic-aesthetic proposal of ideas and evoking intertextuality:

> *I learned to swallow doubts*
> *like swords in the circus*
> *(my waters have a destination,*
> *I believe in gates overlooking the sea).*
> *Heralded by fires*
> *elusive of the day,*
> *over-conceited about rhetoric,*
> *tired of illuminations,*
> *I must minimize theories*
> *that won't bring me back*
> *those dawns* (from "Life 1").

Once we read the four poets, there is evident realization of the underneath bond between their styles, their spirit, their aspirations. It was not at all difficult for me to find a common denominator to summarise the gist of their creation. Hence the title I chose. There is inspiration, mystique, magnetism, higher power within the liquid curtain of a pond. Let's find it, as our poets did, as we ease our souls, minds— and bodies—in its soothing waters, which will stir memories, desires, illusions.

However separate lives and distant horizons have marked these four poets' destinies and geographies, my analyses of their poems included in Bridges VI give me argument and pleasure to state that what they write about can be found in the limpid waters of a pond full of memories. Therefrom they took their dripping letters and forged them into twinkling poems.

I cannot close my introductory words without honouring and acknowledging the spectacular art unstintingly offered by Bayamo artist Maceo. PhD Máximo Gómez volunteered a few heartfelt, to-the-point comments about Maceo's work that I gratefully translated and added here:

"*A question arises when I contemplate Juan Luis Maceo Núñez's art: Self-referential painting or abstract discourse? This is the dichotomous perspective the artist assumes in his interviews; but his vast oeuvre, covering different types in plastic arts, knits together thematic diversity and visual poetic styles which pose a challenge for the critic. In the pieces included in the Canadian-Cuban book of poetry, there is indication of abstract discourse seemingly inspired by a detachment from figurative paths towards a reassessment of eroticism and humour. Therefore, the paintings are characterized by a clean, solid design in the use of primary colours that reveals a chromatic hue much in line with Lucía's and Suárez's poetry. The pictorial universe that Maceo proposes is not just a complement; it is a third approach to literature as a call to a project that was sui generis from its very outset.*"

Thank you, poets. Thank you, artist.

Prólogo del Editor

El remanso de evocaciones resplandece como una superficie cristalina. El título me llegó con una repentina brisa húmeda de aire de un remanso y tiernas remembranzas. Un remanso es un sitio natural y una excelente excusa para entregarse a un contexto que inspira donde vidas, motivos, pensamientos, impulsos, aspiraciones y sueños se agitan y convergen. Con el libro y el lugar imaginario, que se hacen uno, albergamos esperanzas, sonreímos, lloramos, sufrimos, amamos, admiramos, contemplamos, recordamos—sentimos. Con las sensaciones ardientes, los mundos de los poetas se volvieron letras pulsantes que se dan a nosotros, fluyendo desde sus experiencias hasta una ávida hoja de papel.

El diccionario Babylon, formato digital (hEnglish - versión avanzada), nos dice que la memoria es "… *la facultad de la mente por medio de la cual retiene el conocimiento de pensamientos, impresiones, o sucesos previos… el alcance y la seguridad con la que una persona puede recordar; la fuerza y exactitud de su poder para atraer y representar o recordar lo pasado"* [traducción del editor]. Bueno, nuestros cuatro poetas tienen la genialidad para mantener esas improntas y la magnitud, el poder y la fiabilidad para recrearlas de una manera genuina, singular, atractiva.

Leer estos poetas, sus palabras y líneas y entrelíneas, activó nociones de implicación y sucesos percibidos por su capacidad de intuición y capturados por su pluma poética. Las memorias cruzan las polifacéticas orillas de extensa cultura ofreciendo las aguas de toda una vida de los poetas al agudo lector, en un acto de búsqueda personal profunda de realización pero también en un momento confesional de compartir lo que tienen que decir y no pueden contener dentro de ellos.

El remanso de evocaciones es una superficie cristalina. Podría estar neblinosa o turbulenta o borrosa, incluso menos profunda a veces; pero la brillantez de su centro se mantendrá una y otra vez para regalarnos murmullos de poemas formidables nacidos del íntimo crisol creativo de los poetas. Sus mentes están siempre en movimiento estético-cognitivo-crítico, un *perpetuum mobile* de sagaz observación y refinados tropos.

Comenzando con Elana Wolff y su impresionante habilidad para moldear las líneas a su antojo (ver ensayo sobre Wolff en los Anexos) mientras propone diálogos de primera mano con aves, una visión única de la realidad pasada por un tamiz de flores (¡tigres contumaces!) y sentimientos, y sus enigmas de significados y mensajes:

La ausencia es algo solo físico.
Permanezco comprometida—

no por el hecho de causar alguna impresión,
aunque tú sí me impresionas. Sí—
Quiero que esta palabra perdure.
Si tú no crees, déjame a mí
(de "Colibrí").

Continuamos con la dulce cubana Lucía Muñoz y sus fascinantes imágenes y temas locales-universales, donde escapa de los vientos de la noche, por ejemplo, para hallar refugio perfecto en el hueco de la mano de su amante:

yazgo,
dulcemente acurrucada
huyendo del viento de la noche,
de todos los ruidos del mundo,
que me dañan,
para ser siempre
ese poquito de agua en tu mano
(de "Poquito de agua").

Hay una calidez sugerente en su estilo, signado por la aureola cósmica del tiempo y la vida haciendo eco, suavemente, en sus piezas (ver ensayo sobre Muñoz en los Anexos). Muñoz es conocida como la "Novia de Bayamo", su pueblo natal, y el mío.

Los dos caballeros no se quedan detrás. Don Gutteridge ha sido llamado el Príncipe de la Poesía Canadiense Contemporánea por Richard Grove (ver ensayo sobre Gutteridge en los Anexos), lo que le queda muy bien. Su poesía desprende nobleza y sentimiento, elegantemente acompañados por su adherencia al ritmo y la cadencia, que casi no leemos ya hoy:

un tímido arrastre de pies o el golpecito
de un dedo del pie o un tarareo en la sangre,
pero una vez iniciado, los géneros
se mezclaron, soltándose,
dejándolo todo en el
alelado delirio del baile
(de "La danza del té").

Su contraparte cubana, Luis Suárez (esposo de Muñoz), rasguea las cuerdas líricas también con entrega apasionada y avezada destreza (ver ensayo sobre Suárez en los Anexos). Su estilo lo lleva a través de metáforas bien talladas prestadas por sus amigas musas, que recrean para el mañana un lienzo de ayeres y de presentes, donde su contexto y la gente en derredor juegan un papel central. Suárez juega con las líneas mientras sus tumultuosos pensamientos aterrizan en la hoja de papel con una elaborada propuesta ético-estética de ideas y evocativa intertextualidad:

> aprendí a tragar dudas
> como espadas en el circo
> (las aguas de mí tienen destino,
> creo en puertas que dan al mar).
> Anunciado de fuegos
> huidizo del día,
> sobrecreído de retóricas,
> harto de iluminaciones,
> debo achicarme de teorías
> que no devolverán
> aquellos amaneceres
> (de "Vida I").

Una vez que leamos los cuatro poetas, habrá comprensión evidente del vínculo oculto entre sus estilos, su espíritu, sus aspiraciones. No fue difícil en lo absoluto para mí encontrar un denominador común para resumir el núcleo de su creación. De ahí el título que escogí. Hay inspiración, mística, magnetismo, un poder superior dentro de las cortinas líquidas de un remanso. Encontrémosles, como hicieron nuestros poetas, al introducir poco a poco nuestras almas, mentes—y cuerpos—en sus relajantes aguas, que estimularán memorias, deseos, ilusiones.

Sin importar cuán separadas sean las vidas y distantes los horizontes que han marcado a estos cuatro poetas y sus destinos y geografías, mis análisis de sus poemas incluidos en Puentes VI me dan argumento y placer para decir que lo que escriben se puede encontrar en las límpidas aguas de un remanso colmado de evocaciones. De ahí tomaron sus letras goteantes y las forjaron como relucientes poemas.

No puedo concluir mis palabras introductorias sin honrar y reconocer el arte espectacular generosamente ofrecido por el artista bayamés Maceo. El DrC Máximo Gómez brindó unos sentidos, concisos comentarios sobre la obra de Maceo que agradecidamente traduje e incluí aquí:

"*Una interrogante emerge cuando observo la obra artística de Juan Luis Maceo Núñez: ¿Pintura autorreferencial o discurso abstracto? Tal perspectiva dicotómica menciona en sus entrevistas este artista; pero su vasta obra en los más distantes géneros de las artes plásticas, entrelaza una diversidad temática y estilos poéticos visuales que hacen de la crítica un ejercicio en extremo difícil. En las piezas que se insertan en el poemario cubano-canadiense hay una acotación al discurso abstracto que parece inspirado por la fuga del lugar común figurativo para replantear su tendencia al erotismo y el humor, encaminando estos lienzos a un trazado limpio y fuerte de los colores primarios donde se percibe un cromatismo que habilita la coherencia con la obra lírica de Lucía y Luis Carlos; no es un complemento el universo pictórico que incorpora Maceo, sino una tercera visión de la literatura cual convocatoria a un proyecto que siempre se visionó original*".

Gracias, poetas. Gracias, artista.

"Soñaba la laguna que escondido
un cielo en sus entrañas poseía" /

"The pond dreamed it had a sky
hidden in its depths"

Tristán de Jesús Medina

"in the whispering waterways
of memory" /

"en los canales susurrantes
de la memoria"

John B. Lee

Elana Wolff

"your call holds every memory"
"tu llamada guarda cada recuerdo"

Larkspurs

—with a nod to Mark Strand (1934-2014)

In a yard the size of a sheet—
tomatoes, cabbage,
cucumbers grew. Vegetables for jarring
to eat in winter.
Flowers other than hollyhocks
and larkspur would have wasted space.
The 'Blacknights'
clung to the western wall.
The 'Galahads'
rose above the fence and seemed almost to float—
ice-white flowers clothed like ghosts.
Breath pulled into my chest
like thoughts to a coffin. Coffin
the body, the body a thought—give it up.
I give up my eyes, my ripe green pears.
I give up my nose, the moat of my throat.
I give up my ears, their cockles and muscles, my neck
that swans my chest.
I give up my arms above the wrist—
to liberate my fingers. My uterus
I gave up long ago, its inflammations;
tubes and trumpets, ovaries, the other
lower neck.
I give up both my breasts (Would I give just one?),
the cage beneath them. I give
the light of my thighs,
my head-
strong feet that contravene me.
The yard the size of a sheet
I give to the larkspurs wearing my white
petal dress. They wear it better
than I ever did. I was always
mostly out of my body.

(Poem (in English) taken by the poet from Everybody Knows a Ghost.
Guernica Editions - work in progress /
Poema (en inglés) tomado por la poeta de Everybody Knows a Ghost.
Guernica Editions - proyecto en curso)

Delfinios

—en saludo a Mark Strand (1934-2014)

En un patio del tamaño de una hoja—
crecían tomates, col,
pepinos. Vegetales para preservar
y comer en el invierno.
Otras flores además de malvarrosas
y delfinios hubieran derrochado espacio.
Los 'Blacknights' *
colgaban del muro oeste.
Los 'Galahads' **
se elevaban sobre la cerca y parecían casi flotar—
flores níveas vestidas como fantasmas.
El aliento llegó a mi pecho
como pensamientos a un ataúd. Ataúd
el cuerpo, el cuerpo un pensamiento—renunciar.
Renuncio a mis ojos, mis maduras peras verdes.
Renuncio a mi nariz, el foso de mi garganta.
Renuncio a mis oídos, sus pliegues y músculos, mi cuello
que pavonea mi pecho.
Renuncio a mis brazos por sobre la muñeca—
para liberar mis dedos. Mi útero
hace ya tiempo que renuncié a él, sus inflamaciones;
trompas y trompetas, ovarios, el otro
cuello inferior.
Renuncio a mis dos senos (¿Daría solo uno?),
la cavidad debajo de ellos. Doy
la luz de mis muslos,
mi cabeza-
fuertes pies que se me oponen.
El patio del tamaño de una hoja
se lo doy a los delfinios que llevan mi vestido
de pétalos blancos. Les queda mejor
que a mí. Estuve siempre
mayormente fuera de mi cuerpo.

* Blacknights, tipo de malvarrosa de sólido color negro-púrpura
** Galahads, altas plantas perennes que echan expresivas espigas de flores blancas

Concern for Soul Consumes Me

In the northern garden
dwell two tall
catalpa trees.
Their large and heart-
shaped pointy leaves, downy
undersides—soft as fontanelles.
They've let the spotted
red-capped woodpecker in.
Form is the polar opposite of chaos,
wrote Roberto B.
I take release from this and that
the dead, he said, yes even the dead
are being developed.
Eventually, by this conception, everyone
will be among the co-
developed dead.
Concern for soul consumes me.
I sit in the northern garden—
in the hazy
shady shape of it
and follow my steady breath—born
as it's being breathed, it seems. Streaming
so organically,
it can't be pre-constructed.
Invisible and thin and free,
as baffling as Kafka—
whose rendering of difficult things
was easier for him, it seems to me,
than birthing breath.
Will teachers of any persuasion contravene me?
Not the two catalpa trees.
Not the spotted woodpecker. Not his crimson cap.

(Poem (in English) taken by the poet from Faithfully Seeking Franz.
Guernica Editions - work in progress /
Poema (en inglés) tomado por la poeta de Faithfully Seeking Franz.
Guernica Editions - proyecto en curso)

La preocupación por
el alma me consume

En el jardín norte
habitan dos altos
árboles catalpa.
Su enorme y agudas hojas
con forma de corazón, blandas
partes inferiores—suaves como fontanelas.
Han dejado entrar al moteado pájaro
carpintero de corona roja.
La forma es el opuesto polar del caos,
escribió Roberto B. *
Me libero de esto y de que
los muertos, dijo, sí incluso los muertos
se desarrollan.
Con el tiempo, en esta concepción, todos
estarán entre los muertos co-
desarrollados.
La preocupación por el alma me consume.
Estoy sentada en el jardín norte—
en su neblinoso
lado a la sombra
y sigo mi aliento acompasado—nacido
mientras respira, parece. Fluyendo
tan orgánicamente,
no se puede pre-construir.
Invisible y tenue y libre,
tan desconcertante como Kafka—
cuya representación de las cosas difíciles
fue más fácil para él, me parece,
que crear aliento.
¿Me impugnarán los maestros de alguna persuasión?
No lo harán los dos árboles catalpa.
Ni el pájaro carpintero moteado. Ni su corona carmesí.

*Roberto Bazlen, consultor para Editoriales italianas,
traductor de la obra de Freud y Jung y ávido lector de Franz Kafka*

Not Be Wrong

Any sudden sound at dawn
can throw you, like a shining,
out of sleep. Flap

and then the dream releasing
mist, a swishing wing:
Crow

that got out of the murder,
where are you now,
and are you safe?

Who did we move to
under the slumber-sun,
what baritone …

Odd how dreams
can summon flux that
duplicates in day—

like flicker on a wall
beyond a flame, the
stain behind a veil.

I tap into the peep-hole
grey and animate
the image:

We're swaying to
the tune and orchestration.
Less mist—we'd be revealed,

wishing for things we want
to say and write each other
and not be wrong.

Our forehead-warmth
like solar
third-eye light.

Sin equivocarnos

Cualquier sonido repentino en el alba
te puede sacar, como un resplandor,
de tu sueño. Un aleteo

y entonces el sueño desprende
niebla, un ala susurrante:
Cuervo

que salió de su bandada,
¿dónde estás ahora,
y estás a salvo?

Hacia quién nos fuimos
bajo el somnoliento sol,
qué barítono…

Es extraño como los sueños
pueden convocar una constante transformación que
se repite en el día—

como resplandor sobre un muro
más allá de una llama, la
mancha detrás de un velo.

Toco suavemente la mirilla
gris y animo
la imagen:

Nos vamos moviendo al ritmo de
la canción y la orquestación.
Menos bruma—quedaríamos expuestos,

deseando cosas que queremos
decirnos y escribirnos
sin equivocarnos.

La calidez de nuestras frentes
como la luz
solar del tercer ojo.

Traffic

Berthed into the middle of things, it's up to us
to redirect. We of the fraught begotten bodies,

pixilated thoughts, all in some way bent to be connected.
The smashed raccoon on Bloor was my cocky

second cousin, the woman in the badger mask,
my other. She owns me like a bit of breath.

Put your head to mine and let us feel less indirect.
This won't be disgraceful and we crave it. When Kafka

leapt to the river in "The Judgment," I was on the bridge.
He changed his name for the story, but it was him.

I was on the omnibus, passing with the traffic. I saw
the body in the water,

                sinking. Even in this minor role—
without a name or face—I feel the disappearance

               still, the deep seat
            always waiting: need
       that brings a being into reach.

Tráfico

Fondeados en medio de las cosas, es cosa nuestra
el reorientarnos. Nosotros de los engendrados cuerpos
          y sus cargas, *

pensamientos insensatos, todos de cierta forma torcidos
          para conectarse.
El destrozado mapache en Bloor era mi insolente **

primo segundo, la mujer con la máscara de tejón,
mi otra. Es dueña de mí como un poco de aliento.

Acerca tu cabeza a la mía y sintámonos menos indirectos.
No será vergonzoso y lo deseamos. Cuando Kafka

se lanzó al río en "El juicio", yo estaba en el puente.
Cambió su nombre para la historia, pero era él.

Yo estaba en el ómnibus, pasando en el tráfico. Vi
el cuerpo en el agua,
          hundiéndose. Incluso en ese pequeño papel—
sin nombre ni rostro—siento la desaparición

                    todavía, el asiento insondable
               siempre esperando: necesidad
          que pone un ser al alcance.

*Cargas, referencia de la poeta a la transmigración de las almas,
o sea, la idea de que los cuerpos que tenemos traen consigo
asuntos no resueltos de encarnaciones previas
** Bloor, nombre de una extensa calle principal
en centro ciudad, Toronto*

Messenger Suite

Loon
No one's remorse is like your remorse.
Even at the start of spring,
that is to say
the start of love,
your call holds every memory of dejection.
And you think I have understood the source.

Suite mensajera

Somormujo
Ningún remordimiento es como tu remordimiento.
Incluso al comienzo de la primavera,
es decir
el comienzo del amor,
tu llamada guarda cada recuerdo de desaliento.
Y piensas que he entendido la fuente.

Rook

Feathers the colour of onyx,
colour of toenails—
black and bruised.
Language coarse as curse.
Blatant gaze, as if to say, It's your turn,
meaning mine.
                I laugh and caw
and caw again—struggling with this other tongue.
Mine is hunkered states away.

In the garden,
on my knees, I offer you some plum.
This is how you came to jab my hand.

Grajo

Plumaje color ónice,
color de las uñas del pie—
negro y morado.
Lenguaje vulgar como la blasfemia.
Mirada flagrante, como si dijera, Es tu turno,
queriendo decir el mío.
                Me río y grazno
y grazno otra vez—luchando con esta otra lengua.
La mía está replegada estados a lo lejos.

En el jardín,
sobre mis rodillas, te ofrezco algo de ciruela.
Es así como llegaste a aguijonear mi mano.

Goldfinch

Flitting left to left, the yellow light in twilight
gold. Soft at first,
then fulgent,
then the colour of curative music.
Song, a salve, floats over the field
and through the schoolyard fence.
The fence can't intervene.
The yellow streams, its frequency
a shift. Shadow, for a moment
trembles, making space for quiet:

motion for a confidential note.

Jilguero

Revoloteando de izquierda a izquierda,
la luz amarilla en el crepúsculo
de oro. Suave al principio,
luego fulgente,
luego el color de sanadora música.
Tonada, un bálsamo, flota sobre el campo
y a través de la cerca del patio escolar.
La cerca no puede entrometerse.
Lo amarillo fluye, su frecuencia
un movimiento. Sombra, por un momento
tiembla, dejando espacio para la quietud:

moción para una nota confidencial.

Heron

Are you not the tall one who raised me up?
Potent:
how you stand on the pond-rock,
your blue uniform investing authority,
even without the hat.

And none of the force that comes so often with power.

Garza

¿No eres tú la esbelta que me elevó? *
Potente:
como te paras sobre la roca de la laguna,
tu uniforme azul imponiendo autoridad,
incluso sin el sombrero.

Y nada de la fuerza que viene frecuentemente con el poder.

** Elevó (raised me up, en inglés), la poeta se mueve entre dos
significados en este verbo en inglés, la idea de "educar",
"formar" y la idea de que la elevó (la levantó)*

Red Bird

I hear you,
I know
you're near.

I do not expect you
to draw nearer.
I never expected to touch your body.

It is enough to behold—

And if you have chosen
to come to this garden,

and to return,

it is because you know
I know
to keep my distance.

Cardenal

Te escucho,
sé
que estás cerca.

No espero que te
acerques.
Nunca pensé tocar tu cuerpo.

Es suficiente contemplar—

Y si has decidido
venir a este jardín,

y retornar,

es porque sabes
que sé
mantener la distancia.

Sparrow

Your voice is back—
scratchy as thorns on glass.

Your other voice—
the one you keep for tenderness—
has gone to sleep.

Cheep, cheep.

Meaning, too little of you
to please me.

Gorrión

Tu voz ha regresado—
áspera como espinas en cristal.

Tu otra voz—
la que guardas para la ternura—
se ha quedado dormida.

Pío, pío.

Que quiere decir, muy poco de ti
para complacerme.

Starling

Tell me: What is the difference
between infinity and eternity?
I've heard you trill these syllables—
you must have a feel for their sense.

Estornino

Dime: ¿Cuál es la diferencia
entre infinidad y eternidad?
He oído que tú trinas estas sílabas—
debes tener una percepción de su significado.

(Ten previous poems (in English) taken from Swoon. Guernica Editions, 2020 /
Diez poemas anteriores (en inglés) tomados de Swoon. Guernica Editions, 2020)

Hummingbird

You say I'll get nothing but silence from you,
yet there you go—spinning your wings.
Is this simply how you're wired,
or is this your lullaby?

You are audible to me,
even in absence.
Absence is only a physical thing.
I remain committed—

not for the sake of any impression,
though you do impress me. Yes—
I want this word to last.
If you don't believe, let me.

Colibrí

Dices que no obtendré nada sino silencio de ti,
sin embargo ahí vas—haciendo girar tus alas.
¿Es simplemente por la forma en que estás diseñado,
o es esta tu canción de cuna?

Te puedo oír,
incluso en tu ausencia.
La ausencia es algo solo físico.
Permanezco comprometida—

no por el hecho de causar alguna impresión,
aunque tú sí me impresionas. Sí—
Quiero que esta palabra perdure.
Si tú no crees, déjame a mí.

Birdheart

Tenacious as the moss
and rocks and water,
here I am. In nature
such ubiquity is common.
On days like this, heart
heavy as a vow, I'd gladly
be the yellow finch,
pecking at the feeder on the deck.
A birdheart so compact and small,
it leaves no room for sorrow.

Corazón de pájaro

Tenaz como el musgo
y las rocas y el agua,
aquí estoy. En la naturaleza
tal ubicuidad es común.
En días como este, el corazón
pesado como una promesa, dichosamente
sería ese pinzón amarillo,
picoteando la comida en la terraza.
Un corazón de pájaro tan compacto y pequeño,
no deja espacio para el dolor.

*(Poem (in English) taken from Birdheart. Guernica Editions, 2001 /
Poema (en inglés) tomado de Birdheart. Guernica Editions, 2001)*

Try It This Way

Weary, needing a seat,
I climb from the

top of the mountain
down to a ledge:

an exit chair's been
set there in the

half-light busy badger cubs
are shaking out their

coats: two squat &
waddling bodies covered in

dust. The sound they
make is strange &

odd the way time
plunges up—the mother

like a missile to
the rescue: Am I

such a threat? &
where's that exit chair?

My arms & legs,
cartooning moves, flail comically

on the spot; the
mother, big as a

capybara—at my back
like tar on tarmac:

What I *really* need
are claws & snout—

Inténtalo así

Cansada, necesitando un asiento,
desciendo desde la

cima de la montaña
hasta un saliente:

una silla de salida ha sido *
ubicada allí en la

media luz cachorros de tejón atareados
se remueven saliendo de sus

cubiertas: dos se agachan &
cuerpos contoneándose cubiertos de

polvo. El sonido que
hacen es extraño &

rara la forma en que el tiempo
se precipita—la madre

como un misil al
rescate: ¿Soy yo

tal amenaza? &
¿dónde está esa silla de salida?

Mis brazos y piernas,
movimientos de caricaturas, se agitan cómicamente

en el lugar; la
madre, grande como un

carpincho—sobre mi espalda
como brea sobre el asfalto:

Lo que *de verdad* necesito
son garras & hocico—

* *Silla de salida, exit chair en el original en inglés, se refiere, en palabras de la poeta,
en un sentido metafórico, a una forma de escape luego de la experiencia, como en un sueño*

21

A Cappella

We heard this morning blue jays
holding a shriek-fest in the neighbour's maple,

long enough to signify
the truculence of nature,

its swift and sure ascent: A cappella shrieking
up to the spheres,

we settled back to breakfast. You to your egg
and online news, I to my tea and book.

One of a thousand breakfasts we've held together
without ado. You said something

about the market—bulls and bears,
then lungs.

By which I understood you meant
a stage in fetal progress—

this is where my thoughts convene these days.
I sip my tea, you eat your egg, the sky beyond us

wan—except for two blue
contrails crossing the vault.

You woke before me this morning
and knew I wanted my scapulae rubbed—

as in the knotty spots I call my hidden-
wing insertions.

"Where did you fly in the night this time?"
you asked, massaging the spots.

All I could recall were bits of breath.

A cappella

Esta mañana escuchamos arrendajos azules
haciendo un festival de chillidos en el arce del vecino,

lo suficientemente dilatado para significar
la crueldad de la naturaleza,

su veloz y seguro ascenso: Chillidos a cappella
hasta las esferas celestiales,

volvimos a nuestro desayuno. Tú a tus huevos
y noticias en línea, yo a mi té y mi libro.

Uno de los miles de desayunos que hemos tenido juntos
sin alboroto. Dijiste algo

sobre el mercado—toros y osos,
luego pulmones.

De lo que entendí que querías decir
una fase en progreso fetal—

es aquí donde mis pensamientos se congregan en estos días.
Bebo mi té, tú comes tu huevo, el cielo más allá de nosotros

pálido—excepto en dos estelas
azules que cruzan la bóveda celeste.

Te levantaste primero esta mañana
y te diste cuenta que quería que me frotaran el omóplato—

como los lugares nudosos que llamo mis inserciones
de alas escondidas.

"¿A dónde volaste en la noche esta vez?"
me preguntas, masajeando los lugares.

Todo lo que pude recordar fueron pedacitos de aliento.

Game Drive

A tiger appeared in the clearing,
he caught our breath. I felt the animal

nearness—my eyes as big and round as his,
not vertical slits, like cats'—

that was half the wonder.
We photographed and filmed him from the jeep.

He cocked his leg at us and sprayed,
a faint basmati rice-smell wafted over—

What did we know …
My skin—I noticed first my hands—turned tiger-

striped—pale grey. Later, back at camp, the stripes
migrated to my chest—where they are kept.

Viaje de caza

Un tigre apareció en el claro,
sintió nuestro aliento. Sentí la cercanía

del animal—mis ojos grandes y redondos como los suyos,
no con cortes verticales, como los gatos—

eso era solo la mitad de la maravilla.
Le fotografiamos y filmamos desde el jeep.

Levantó su pata hacia nosotros y roció,
un ligero olor a arroz basmati flotó en el aire— *

Qué podíamos saber …
Mi piel—lo noté en mis manos primero—se volvió ati-

grada—gris pálido. Luego, de regreso al campamento, las rayas
migraron a mi pecho—donde continúan.

* *Basmati, arroz aromático de largo grano de la India*

*(Three previous poems (in English) taken from Shape Taking. Ekstasis Editions, 2021 /
Tres poemas anteriores (en inglés) tomados de Shape Taking. Ekstasis Editions, 2021)*

Lucía Esther Muñoz Maceo

"pájaros que pueblan la memoria"
"birds that dwell in the memory"

Poquito de agua

En el hueco de tu mano
yazgo,
dulcemente acurrucada
huyendo del viento de la noche,
de todos los ruidos del mundo,
que me dañan,
para ser siempre
ese poquito de agua en tu mano,
apagador eterno de tu sed.

A Droplet of Water

In the cup of your hand
I lie,
tenderly cuddled up
running from the night's wind,
from all of the world's noises,
that hurt me,
to be always
that droplet of water in your hand,
eternal quencher of your thirst.

Somos

Más que cuerpos infinitos
y una taza de café
          en la mañana
compartida
como la cama,
        la mesa,
        los caminos,
más que este atardecer
quebrado
más que la nostalgia
la soledad
la noche,
        el cansancio.

We are

More than infinite bodies
and a cup of coffee
            in the morning
shared
as we share bed,
            table,
            roads,
more than this broken
sunset
more than nostalgia
loneliness
the night,
            exhaustion.

Dueño de la noche

Te adueñas de mi noche,
soy otra vez una muchacha
sonriendo mientras caen las estrellas
y los gorriones alisan su grisura en la pared.
Es mañana apenas amanecida,
los rumores de la calle llegan nublados,
y no impiden que tus dedos se pierdan
en la cerrada noche de mi pelo,
el frescor de tu casa,
mis manos huelen a tu cuerpo,
no quiero morir,
no quiero envejecer
sin que me beses otra vez.

Owner of the Night

You take possession of my night,
I am once more a girl
smiling as stars fall
and sparrows sleek their greyness on the wall.
Early morning still,
murmurs come in hazily from the street,
they cannot prevent your fingers from losing themselves
in my hair's dense night,
the freshness of your home,
my hands carry the aroma of your body,
I don't want to die,
I don't want to grow old
without you kissing me again.

Intocables

Nos encontraremos
pero habrán pasado los días
de poner a navegar en nuestras manos
el barco de la felicidad
y recorrer el mundo
desde la sombra de una copa.
Siento que me he ido quedando detenida
con la imperfección de mi desnudez,
con los zunzunes y los coralillos.
Ya no seré más un rostro
perdido en la niebla de los días,
un rostro más de los muchos que amaste.
Pero guardo, intocables,
entre jazmines mis ojos,
los únicos que besaste con amor
sobre la tierra.

Untouched

We will meet
but the days for our hands
to set the sails of the bliss boat
and for travelling the world
from the shade of a cup
will have elapsed.
I feel I have become stagnant
with the flaws of my nudity,
with hummingbirds and *"coralillos"*. *
I will be a face no longer
lost in the mist of the days,
a face out of the many you loved.
Yet I keep my eyes, untouched,
amidst jasmines,
the only eyes you lovingly kissed
upon the earth.

> * *Coralillos, in Spanish in the original. It is a climbing plant (vine) with pink flowers typical of the poet's region, southwestern part of Cuba (Bayamo, Granma)*

Ruego de amor

Ámame
por los días que te restan
                 en la tierra,
con la dulzura de tu mano
                   en mi mano,
con el desgarramiento del corazón,
pájaro tembloroso
que he dejado caer
en la herida de tu pecho.

Plea of Love

Love me
for the rest of your days
                    on earth,
with the sweetness of your hand
                            in my hand,
with the heartbreak,
trembling bird
I have drooped
on your heart's wound.

Pertenencias

Nada tengo
sino mis huesos y su herrumbre,
quebradura de la espalda,
el temblor y la ausencia.
Nada que no sean mis ojos
en las tardes cernidas de tristeza,
solo mis versos
infatigables contra el tiempo.
Nada que no sean mis pies,
bañados de la luz de los ocasos.
Solo este cuerpo
herido,
roto,
maltratado,
nido de lo cósmico
y lo efímero.
Tan solo mi corazón
engrandecido de ternura,
salvado de fuegos y cenizas.

Possessions

I have nothing
but my bones and their rust,
a rupture in my back,
tremor and absence.
Nothing but my eyes
in the sadness-filled afternoons,
only my poems
indefatigable against time.
Nothing but my feet,
cleansed in dusk light.
Only this body
hurt,
broken,
ill-treated,
nest for what is cosmic
and transient.
Only my heart
luxuriant with tenderness,
saved from fire and ashes.

Aguas

Aguas entre tu boca y la mía,
aguas entre los dedos
que no pueden llevarse soledades.
Aguas lamiendo nuestras carnes,
de los ojos a las manos,
arrastrando hojas del tiempo,
pedazos de mi cuerpo deshecho,
abandonado al vuelo de las aves.
Aguas entre nuestros pasos
y se llevan mi rostro,
se calla mi voz,
se borra mi sombra.
Aguas. Aguas eternas
entre tu boca y mi boca.

Water

Water between your mouth and mine,
water between fingers
that cannot wash off loneliness.
Water lapping our flesh,
from the eyes to the hands,
dragging the leaves of time,
pieces of my damaged body,
left to the fortuity of birds' flight.
Water in between our footsteps,
and it takes my face away,
my voice goes quiet,
my shadow vanishes.
Water. Eternal water
between your mouth and mine.

(Siete poemas anteriores (en español)
tomados de Únicos Paraísos. Ediciones Unión, 1996 /
Seven previous poems (in Spanish)
taken from Únicos Paraísos. Ediciones Unión, 1996)

Una mujer puede andar

Una mujer puede andar por la calle
con el ancho pecho de res abierto,
al aire el corazón, más grande
                que sus puños cerrados.

Lleva entre los pulmones
toda la angustia clavada,
toda la distancia.

Cuando pasa,
alguien dice la felicidad no es un invento.
Que la suerte es un adagio.
Feliz quien tiene viva esa certeza agonizante.

Una mujer puede andar
con el ancho pecho de res
horriblemente abierto
mientras el aire esparce
toda la oscuridad recogida en su cabeza.

A Woman can Walk

A woman can walk down the street
her broad cow chest open,
her heart up in the air, bigger
                        than her clenched fists.

She carries the world's anguish
between her lungs,
the world's remoteness.

As she walks by,
someone says happiness is not make-believe.
That fortune is a proverb.
Those who keep alive that agonizing certainty are happy.

A woman can walk
with her broad cow chest
appallingly open
while the air scatters
all of the darkness collected on her head.

El tiempo está habitado de gorriones

Has llegado donde he querido llevarte
pero deja que primero te lleve
no te apresures.
Te voy a dar con el silencio
trozos distintos de una espera
sin nubes
cualquier cosa
una pompa de jabón y un beso
en la mejilla
hasta quemarme la garganta
con este grito de amor no articulado.
No dejaré que marches solo
el tiempo está habitado de gorriones
y bien puede clavarte
una ilusión en el costado
desatando mi nombre
y soplar hasta borrarlo todo.

Time is Inhabited by Sparrows

You have reached the place where I wanted to take you
but let me lead you
do not rush.
With silence I will give you
distinct pieces of a cloudless
waiting
anything
soapsuds and a kiss
on your cheek
until my throat burns
with this cry of inarticulate love.
I won't let you leave alone
time is inhabited by sparrows
and it might pierce
an illusion on your side
untethering my name
and blow until it effaces all.

Los amantes, los locos

Los amantes,
¿dónde fueron?
En qué repliegue de la noche
hacen el amor
por qué no vienen bajo las estrellas,
sobre la tierra blanda del huerto
y el olor del naranjo.
¿Dónde fueron los amantes, los locos
que se desnudaban bajo la lluvia,
los que desafiaban el frío
con la piel húmeda de besos.
¿Dónde están?
¿Por qué no corren sobre la luz del tiempo,
por qué no rompen la distancia
y se buscan otra vez,
por qué no olvidan
el reloj, la plaza, el qué dirán,
por qué no van contra las aguas
                        del río,
espejo que devuelve
sus cuerpos desnudos,
sus rostros sonrientes.

Lovers, Mad Ones

Lovers,
where did they go?
In what recess of the night
do they make love
why don't they lie under the stars,
on the grove's wet earth
and the aroma of the orange tree.
Where did lovers go, the mad ones
undressing under the rain,
defying the cold
with their skins moist from kisses.
Where are they?
Why don't they run upon time's light,
why don't they overcome the distance
and find each other again,
why don't they forget about
clocks, plazas, what people might say,
why don't they swim upstream
                              in the river,
a mirror that reflects
their nude bodies,
their smiling faces.

No estoy en el cielo con los diamantes

Vas juzgando las palabras que te doy
pero no sabes
tengo las manos húmedas
quebradas por el jabón
y el tímpano roto
pues la akai del vecino *
me agobia con Los Beatles,
a toda hora ellos nadan en mi sopa
y qué puede importarme
que mi tocaya esté en el cielo con los diamantes
mientras permanezco entre los arcoíris del lavadero, **
y tengo urgencia de escribir estas palabras,
que tú,
noble hombre convertido en juez,
vas a aprobar
o reprocharme.

** Akai, marca de fábrica japonesa especializada
en hardware para música*
*** Arcoíris, referencia metafórica de la poeta a
los colores de la espuma de jabón bajo el sol*

I am not in the Sky with Diamonds

You judge every word I give you
but you don't know
my hands are wet
cracked by soap
and a burst eardrum
because the neighbour's Akai *
oppresses me with The Beatles,
they swim in my soup 24-7 **
and what do I care my namesake is in the sky with diamonds
while I am stuck between the rainbows of the laundry sink, ***
and feel the urge to write these words,
that you,
noble man become a judge,
will approve of
or condemn.

Akai, Japanese trademark specialized in music hardware
*** In the soup, allusion to a popular expression that*
means they show up everywhere, every moment
**** Rainbows, the poet's metaphorical reference to the colours*
in the soap sud under the sun

Sobre hojas que nadie ve

Reina me desea lo mejor y posible
por el mal de la poesía compartido
mientras yo te busco en mis soledades
y el deseo antiquísimo
de dar con tu corazón.
Me punzan los pies
de tanto buscarte en precipicios.
Conozco claramente las estaciones del dolor
y la esperanza de juguetes engavetados
para el hijo que no llegará,
por grande que sea mi desnudez ante tus ojos.
He untado la piel de amores pasajeros
sobre las desgarraduras
pero sólo conseguí llenarme de canciones,
no se fue la tristeza de mis huesos,
no regresaste tú a mi ventana.
Sólo quedaron palabras
sobre hojas que nadie ve.

Upon Sheets of Paper No One Notices

Reina wishes me the best and possible
for poetry's shared wrong
while I chase after you in my solitudes
and the ancient desire
to find your heart.
My feet ache
of so much searching after you in the cliffs.
I know well pain's seasons
and the hope of toys forgotten in a drawer
for the son who will never come,
no matter how stark my nudity is before your eyes.
I have anointed my skin with short-lived loves
on the lacerations
but all I got was packing myself with songs,
sadness did not leave my bones,
you did not show up at my window.
Only words were left
upon sheets of paper no one notices.

Una mujer te busca en la ciudad antigua y neblinosa

Ciudad, amanece,
leve pie de luz
borra sombras
y una mujer emerge con su pelo amanecido.
Marcha ignorando el pasado,
mira al día por venir,
instante futuro
en que pueda abrirse la belleza,
desconoce lo que bocas febriles
lanzan a su paso,
palabras hirientes,
ojos de fuego.
Ella marcha con las manos vacías
en busca del alba,
de pájaros que pueblan la memoria,
busca el amor del noble astronauta
extraviado en el viento,
que ha perdido su brújula
donde los locos vertieron arenas
y borrado caminos.
Ah ciudad,
la muy noble y sensual,
real ciudad,
herida,
desangrada en el atardecer
como mi sombra.
Una sola tú y yo,
disueltas como azogues,
perdidas en la bruma del deseo.
Y el astronauta no llega,
ha perdido la llave
que mueve caminos
y ella se deshace,

en vano llama, lo busca en arenas,
en amanecidos espejos del rocío.
El astronauta no llega,
su brújula no marca senderos,
sus pies no encuentran caminos
aunque ella lo espera
y lo busca incansable
en la ciudad antigua y neblinosa.

A Woman is Looking for You in the Old and Misty City

City, daybreak,
a tenuous signal of light
erases the shadows
and a woman appears with her dawn hair.
She walks ignoring the past,
she looks at the day ahead of her,
future instant
when beauty can flourish,
she is unaware of what hectic mouths
fling at her feet,
hurtful words,
fire eyes.
She walks with her empty hands
in search of the sunrise,
of birds that dwell in the memory,
she is in search of the noble astronaut's love
lost in the wind,
who has misplaced his compass
where the mad ones poured their sands
and has obliterated the roads.
Ah city,
so noble and sensuous,
real city,
hurt,
bled in the dusk
like my shadow.
Only one you and I,
diluted like quicksilver,
vanished in the haze of desire.
And the astronaut does not arrive,
he has lost the key
that changes the roads
and she melts,

calls him out vainly, looks for him in the sands,
and in the dawned mirrors of dew.
The astronaut does not arrive,
his compass signals no trails,
his feet do not find the roads
but she waits for him
and tirelessly looks for him
in the old and misty city.

Mientras ves volar el pájaro hacia zonas azules

A Lina de Feria

Importa que el pájaro
estuvo en esos dedos entreabiertos
donde se guarda aún
la tibieza de su carne:
Ya no está,
pero estuvo,
su perlado plumaje de seda,
pudiste tenerlo sobre el corazón
que fue nido,
los trinos te llenaron el pecho,
válido estar vivo,
sangrar,
casi morir.
Anidó en tu mano
temblor de su carne humedecida;
agradece esa gracia
mientras levanta el vuelo
para alcanzar
cientos de pájaros
que se alejan
hacia zonas azules,
transparentes.

While You Watch
the Bird Fly
towards Blue Horizons

To Lina de Feria

What matters is that the bird
was between those half-open fingers
where the warmth of its flesh
still lingers:
It is no longer there,
but it was,
its pearly silk feathers,
you could have had it upon the heart
that was a nest,
its chirping filled your chest,
it is worth being alive,
bleed,
nearly die.
It nested in your hand
tremor of its humid flesh;
be grateful for such blessing
as it takes flight
to reach
hundreds of birds
flying away
towards blue horizons,
transparent.

Mirando al mar del sur

Mirando al mar del sur
esta tarde,
muere la luz entre azules
y el viento entona un canto
tenaz, ya conocido,
tocan mis manos solas
el agua,
cristal quemante,
leve.
¿Qué hiciste
para tanto silencio,
para tan
desolado camino,
para esa distancia
entre el amor y el sueño,
el beso y la boca?
Amor,
qué dolor te causé
qué espina para tu carne fui?
Soy
caracola quebrada
sobre la arena,
ave de alas rotas.
Tristeza
endeble,
como espuma.

Watching the Southern Sea

Watching the southern sea
this afternoon,
the light dies amidst blue hues
and the wind intones a vigorous
song, already known,
only my hands touch the water,
burning crystal,
mild.
What did you do
to have this much silence,
for such desolate road,
for such distance
between love and sleep,
kiss and mouth?
Love,
what pain did I inflict upon you
what thorn was I for your flesh?
I am
a broken conch
on the sand,
bird of broken wings.
Feeble
sadness,
like sea foam.

Leyenda

Como las ánforas de barro de la abuela,
como los árboles del fuego
y las arenas profundas del Caribe,
yo tengo mi leyenda.
Guardada en un cobo gigantesco
junto a corrientes de norte y sur,
mezcladas con los sonidos de estas playas y sus claridades.
Aquí, en este cobo rosado,
guardo esta leyenda de amor
de la corrosiva acción de las miradas,
del maléfico influjo de las murmuraciones.
Acaso Ochún dance en su interior
como Isadora sobre las aguas,
acaso en él se encuentren
girando las brisas de estas playas
y el mágico acertijo de la espuma.
En este cobo rosado
guardo esta leyenda de amor poco a poco
                            descubierta
para sorpresa de los ojos
que un día le vieron florecer.

Legend

Like grandmother's clay amphorae,
like fire trees
and the deep Caribbean sands,
I have my legend.
Kept inside a giant sea snail
next to the north and south currents,
mixed with the sounds of these beaches and their clearness.
Here, inside this pink sea snail,
I protect this legend of love
from the caustic action of looks,
from the evil influence of murmur.
Perhaps *Ochun* dances inside it *
like Isadora upon the waters, **
perhaps inside it are found
twirling the breeze of these beaches
and the mystic conundrum of foam.
Inside this pink sea snail
I keep this legend of love gradually
                              discovered
to amaze the eyes
that saw it blossom some far day.

* Ochun, the Yoruba Orisha of Love,
Matrimony and Motherhood. In Cuba, she was
syncretised with the Catholic cult of the Virgin of Charity
** Isadora, Dora Angela Duncan (1878-1927)
United States dancer, pioneer of modern dance
(Los nueve poemas anteriores (en español)
omados por la poeta de diferentes fuentes /
Nine previous poems (in Spanish)
taken by the poet from different sources)

Don Gutteridge

"each Spring that comes and goes with its perfect green promise"
"cada primavera que llega y se va con su promesa de verde impecable"

Rain-Honed Roses

Three years almost since you've
been gone, and the shock of your loss
still stings like a bee in the brain,
and each Spring that comes
and goes with its perfect green
promise lets me know
you are not here to see
the lilacs bud and bloom
again or rain-honed
roses rupture red,
and I must face the terrible
beauty of Being – alone.

Rosas acrisoladas por la lluvia

Hace casi tres años desde que te
fuiste, y el impacto de tu pérdida
todavía punza como una abeja en el cerebro,
y cada primavera que llega
y se va con su promesa
de verde impecable me deja saber
que no estás aquí para ver
las lilas brotar y florecer
otra vez o las rosas
acrisoladas por la lluvia reventar de rojo,
y tengo que enfrentar la terrible
belleza de Existir – solo.

The Nod

When the Sunday sun is warm
enough to bring the honey
bees buzzing from the hive
to nosh on the nectar of a dozen
cousin flowers, and lolling
swallows swoon before they swarm
in the butterfly-fluttering breeze,
and dew-worms uprise
to sip the misted morsels
of the morning, the world is Sabbath-
fabulous, waiting for a God
to give it the nod.

El beneplácito

Cuando el sol de domingo es lo suficientemente
cálido para hacer que las abejas
vengan zumbando de la colmena
para merendar el néctar de una docena
de flores de la misma familia, y golondrinas
sosegadas quedan prendadas antes de aglomerarse
en la brisa de mariposas revoloteando,
y lombrices del rocío se levantan
para sorber los bocados envueltos en la neblina
de la mañana, el mundo se vuelve un fabuloso
día del Señor, esperando por un Dios
que dé su beneplácito.

Howl

When I first heard that our dear
neighbour, John McCleister,
had had a heart attack and died,
I pictured some prowler with menace
on his mind surprising him in bed
and doing him in then and there,
and when my Gran explained
that he was no longer breathing
and nothing could bring it back,
I realized that, fair or foul,
none of us lives as long as
he likes, no matter how loudly
we howl.

Grito

Cuando escuché por primera vez que nuestro querido
vecino, John McCleister,
había sufrido un ataque al corazón y había muerto,
imaginé un merodeador con amenazas
en su mente sorprendiéndolo en la cama
y asesinándolo en el acto,
y cuando mi Abu explicó
que ya no respiraba
y nada podía traerlo de vuelta,
me di cuenta que, fuera justo o no,
ninguno de nosotros vive tanto como
desea, sin importar cuán alto
gritamos.

Abrupt

For Effie Free in fond memory
Point Edward: 1945

When wee Effie Free
lay sprawled upon the pavement
like a doll somebody forgot
to love, her morning scoot
for ice cream roughly
abrupted, her father, Ross,
was the unwitting witness,
who took up the drink again,
and thereafter, whenever I passed him
on the street, I was afraid to look him
in the eye, for fear of seeing
the impossible pain, rooted
there.

Repentino

Para Effie Free con cariño
Point Edward: 1945

Cuando la pequeña Effie Free
quedó tumbada sobre el pavimento
como una muñeca que alguien olvidó
amar, su apresuramiento matutino
en busca de helado bruscamente
truncado, su padre, Ross,
fue el testigo involuntario,
que volvió a la bebida otra vez,
y de ahí, siempre que pasaba por su lado
en la calle, yo tenía miedo mirarlo
a los ojos, por temor a ver
el dolor imposible, enraizado
en ellos.

At Bay

My Gran had a saying or pithy
quip for every occasion,
and if it wasn't "a stitch in time"
or "praise be the Lord," it was
"That'll be a frosty Friday"
or "a watched pot," tossed off
whenever a quick-lipped
sally suited, and I wondered
whether this was her way
of keeping a worm-burled
world at bay.

A raya

Mi Abu tenía un dicho o una ocurrencia
concisa para cada ocasión,
y si no era "más vale prevenir"
o "alabado sea el Señor", era
"Será un viernes muy frío"
o "el que espera", dichos de repente
siempre que una réplica
vivaz viniera al caso, y yo me preguntaba
si era esa su manera
de mantener a raya un mundo
complicado.

Rapture

For Grace Leckie in fond memory

I pride myself on knowing
what urges the birds and the bees,
and what's what in the wider
world, like the do's and don'ts
of 'blue' taboos, but when
Gracie invites me to watch
her roan stallion mount
the piebald mare, we are taken
aback at the blundering shudders
that shiver the rivets in the roof,
and that night I dream of lewd
oozings and losing myself
in rapturous rut.

Arrebato

Para Grace Leckie con cariño

Me enorgullece saber
lo que motiva a las aves y las abejas,
y qué cosa es qué en el mundo
más allá, como lo que se puede y no se puede
de tabúes "prohibidos", pero cuando
Gracie me invita a ver
su semental ruano montar
a la yegua moteada, quedamos
sorprendidos por las sacudidas en bandazos
que estremecen los remaches en el techo,
y esa noche sueño con lujuriosos
fluidos y que me pierdo
en un arrebatador periodo de celo.

All Things Botanic

It was Mister Block, who taught us
all things botanic
and zoological, who took me
aside one day and read me
the riot act, insisting
I widen my academic
diet to include a college
degree, and "What's more,"
he adumbrated, "If you don't,
you'll end up flogging vacuums
door-to-door," and I replied,
"I'll give it a try."

Todas las cosas de Botánica

Fue el Señor Block quien nos enseñó
todas las cosas de Botánica
y Zoología, quien me llevó
aparte un día y me dio
una gran reprimenda, insistiéndome que *
enriqueciera mi régimen
académico que incluyera una titulación
universitaria, y "Aún más",
presagió, "Si no lo haces,
terminarás vendiendo aspiradoras
de puerta en puerta", y yo le contesté,
"Lo intentaré".

> * Dar una gran reprimenda, en inglés en el original la frase literal es "leer a alguien la Ley del Disturbio" [to read someone the Riot Act] (ley aprobada en Inglaterra en 1715 prohibiendo reuniones bulliciosas de un grupo de 12 o más personas)

Innings

Having had no hands-on
experience to guide my gauche
gallantry in the osculation
game, I was taken aback
when the girl, whose name might've
begun with a "b" skidded
across the seat between us
and en-latched my lower lip,
and when I next took breath
it was a lungful of tongue
that torqued and clung, and I
never knew until then
that the less-vexed sex
had a hunger as randied as my own,
and in the kissing innings
were the oscular boss.

Consumaciones

No habiendo tenido ninguna experiencia
directa para guiar mi torpe
gallardía por el juego
de los besos, fui sorprendido
cuando la chica cuyo nombre podría
haber comenzado con "b" se corrió
por el asiento entre nosotros
y trabó mi labio inferior,
y cuando pude volver a tomar aire
fue una pulmonada de lengua
lo que torció y se aferró, y nunca
supe hasta ese momento
que el sexo menos irritante
tenía un hambre tan lujuriosa como la mía,
y en los besuqueos las consumaciones
eran el mandamás de los besos.

Duck

In the Point when I was young
enough not to be noticed,
you were no-one essential
until you were nicknamed
by a rustic cousin, an unctuous
uncle or an antiquated aunt,
and these mildly mocking
monickers were worn like baptismal
badges, and I so wished
to be labeled, with a wink and a
neighbourly nod, "Shorty"
or "Slim" or a pint-sized
"Pete," but, as luck would have it,
nobody obliged except
a winsome kinsman, who dubbed me
"Duck" – and it stuck.

Pato

En el Point cuando era lo suficientemente
joven como para no ser notado,
tú no eras nadie importante
hasta que te puso un sobrenombre
un rústico primo, un empalagoso
tío o una anticuada tía,
y esos ligeramente burlones
apodos se llevaban como enseñas
de bautismo, y por eso yo quería
ser etiquetado, con un guiño y un
saludo cordial, "Pequeñín"
o "Flaco" o un pequeñito
"Pete", pero por suerte,
nadie se ofreció excepto
un pariente encantador, quien me nombró
"Pato" — y se me quedó para siempre.

Tea Dance

Chatham Collegiate Institute: 1955

We called it a tea dance,
but no beverage, innocuous
or not, was ever offered
and the only dancing done
between the gender-generated
rows of boys studying
the flaws in the floor and girls
doing their best to keep
their smiles from drooping
were a tired couple of teachers
trying to adapt the fox-
trot to the painful strains
of "Heartbreak Hotel,"
but something in the music,
however inharmonious,
moved the room to begin:
a shy shuffle or the tap
of a toe or a hum in the blood,
but once begun, the genders
blended, letting go,
losing their all in the
daft delirium of the dance.

La danza del té

Instituto Chatham: 1955

Le llamábamos la danza del té,
pero ninguna bebida, inocua
o no, jamás se ofreció
y lo único de baile que había
entre las filas
de género de los chicos estudiando
las fallas en el piso y las chicas
haciendo lo mejor posible para mantener
sus sonrisas activas
era un par de cansados maestros
tratando de adaptar el foxtrot
a los dolorosos compases
de "Hotel Rompecorazones",
pero algo en la música,
sin importar cuán fuera de lugar,
llevó al local a comenzar:
un tímido arrastre de pies o el golpecito
de un dedo del pie o un tarareo en la sangre,
pero una vez iniciado, los géneros
se mezclaron, soltándose,
dejándolo todo en el
alelado delirio del baile.

The Eyes Don't Lie

Gibbons Park: 1988

You might've been three
when you first played peekaboo
between the towering trunks
of weathered willows in Gibbons
and I snapped this photo for my pleasure
and posterity: your ginger curls
doing their best not to curdle
or fling themselves free,
and the poseur's look you give me
and the lens is a sort of impish
grin in a Frankenstein frown:
all teeth and pinched
squint, but the eyes don't lie,
the love they carried, ablaze
from birth, tarries there,
and I would give the Earth
my bones to bury for one
last peek at their loving
gaze.

Los ojos no mienten

Parque Gibbons: 1988

Debes haber tenido tres años
cuando jugaste al cucu por vez primera *
entre los dominantes troncos
de curtidos sauces en Gibbons
y tomé esta foto para placer mío
y la posteridad: tus rizos pelirrojos
hacían lo que podían para no arruinarse
o soltarse,
y la ojeada vanidosa que me echas
y el lente es algo como una risa
pícara en el ceño fruncido de un Frankenstein:
toda dientes y avivado
vistazo de reojo, pero los ojos no mienten,
el amor que irradiaban, en llamas
desde el nacimiento, permanece allí,
y yo daría a la Tierra
mis huesos para que los enterrara por contemplar
una última vez su amorosa
mirada.

* Cucu, juego con los niños que consiste en esconderse
y reaparecer de repente y gritar "peekaboo" o "boo"

Only Begotten

How often, when, at the loss
of one I loved, have I wished
I could believe that the "soul"
was anything other than the zeitgeist
of the living, or that God so loved
the world He gave His only
begotten to set our souls
free from the body's burdening
ballast and let them float
in the leavening halls of Heaven,
or that some semblance of what
we were or hoped to be,
other than the ripple of remembrance,
outlasted the failing of the flesh –
but you have gone to your grave
and taken your "soul" with you,
and O how I'd like to whisper
in your happily heathen ear:
"Jesus saves!"

Unigénito

Con qué frecuencia, cuándo, al perder
a alguien que yo amaba, he deseado
poder creer que el "alma"
no era sino el espíritu del tiempo
de los vivos, o que Dios amaba tanto
al mundo que dio Su unigénito
para liberar nuestras
almas del peso de su lastre
corpóreo y dejarlas flotar
en los vivificantes pabellones del Cielo,
o que alguna semejanza de lo que
éramos o esperábamos ser,
algo más que una ondulación del recuerdo,
sobrevivía el defecto de la carne —
pero has bajado a tu tumba
y te has llevado tu "alma" contigo,
y Oh como me gustaría susurrar
en tu felizmente pagano oído:
"¡Jesús salva!"

Sparrow

A song sparrow, perhaps,
(my best guess): spotted
breast, yellow bill,
copper cap, settles
on my sitting-room sill,
feathers ruffled like a flustered
fan dancer, looking
to impress, the fresh day
a-leap in its eye, and opens
its beak as if to sing me
something that might salvage
our morning, but no note,
narrow or steep, comes
to comfort or arouse, just
a tree sparrow's fleeting
cheep! cheep!

Gorrión

Un gorrión cantor, quizás,
(mi mejor estimación): pecho
moteado, pico amarillo,
parte superior cobriza, se posa
en el alfeizar de mi sala de estar,
las plumas erizadas como una agitada
bailarina de abanicos, buscando *
impresionar, el fresco día
en cabriolas ante sus ojos, y abre
su pico como para cantar para mí
algo que pudiera salvar
nuestra mañana, pero ninguna nota,
reducida o pronunciada, sale
a dar consuelo o incitar, solo
el efímero ¡pío! ¡pío!
de un gorrión.

** Bailarina de abanicos, de "fan dance"
en inglés, baile en que la bailarina está
supuestamente desnuda y se mantiene parcialmente
escondida detrás de grandes abanicos*

A Mated Pair

A pair of mated hawks
(I think, from the way their wings
waver as one), their eyes
fixed upon the grasses
below, where a pair of mated
mice (I infer, from the way
their whiskers weave as one)
fail to notice the shiver
of shadow that keeps the sun
from their worried scurry, and when
this day is done, the taloned
pair hang eddyless
on the air, sated with mice —-
no longer mated.

Una pareja apareada

Un par de apareados halcones
(creo, por la forma en que sus alas
se mueven como una sola), sus ojos
fijos en la hierba
debajo, donde una pareja de ratones
apareados (infiero, por la forma en que
sus bigotes fluctúan como uno solo)
no notan el temblor
de la sombra que aleja el sol
de su escabullimiento preocupado, y cuando
el día termina, el par
con las garras yace ya sin remolinear
en el aire, saciados de ratones —
ya no más apareados.

Ribald

I might've been thirteen, no more,
when the sight of a girlish curl,
napping on a nape, or the telltale
swell of a buttoned blouse
aroused in me feelings
that growled in the groin and stiffened
my resolve, and when I took it
to task, it bloomed a bright
surprise, and reprised that happy
dabble in the dreams I bore
thereafter of a rabbit, ribald
in rut.

Procaz

Debo haber tenido trece años, no más,
cuando la visión de un rizo de chica,
dormitando sobre una nuca, o el revelador
busto de una blusa abotonada
incitó en mí sentimientos
que rugieron en mi entrepierna y endurecieron
mi determinación, y cuando lo
censuré, floreció en una brillante
sorpresa, y repitió aquel feliz
escarceo en los sueños que tuve
después de un conejo, procaz
en celo.

Come July

Come July, my world is pied,
where dandelions dot the lawn
like gilded doubloons strewn
on the ocean floor before
they balloon in tufted puffs
and vanish, and daisies
in their sun-fed meadow
are gingham-gay, and shadows
tossed by the big, umbrella'd
elm are checkerboard
chiaroscuro, and the bridal
bouquet on the sill blooms
in petti point profusion,
but all things green
and vegetable-variable succumb
at last to the sampling whims
of the singular, and die.

Cuando llega Julio

Cuando llega Julio, mi mundo se llena de colores,
donde los dientes de león puntean el prado
como doblones dorados esparcidos
sobre el fondo del océano antes de
expandirse en alientos de penachos
y desaparezcan, y las margaritas
en su sabana tocada por el sol
son vistosas como zaraza, y las sombras
que da el enorme olmo
entoldado son claroscuros
patrones, y el buqué
nupcial sobre el alfeizar florece
en abundantes puntos de bordado,
pero todas las cosas verdes
y variadas legumbres sucumben
al menos a los caprichos de degustación
de lo singular, y fenecen.

(Gutteridge's personal selection and submission - in English /
Selección y contribución personal de Gutteridge - en inglés)

Luis Carlos Suárez Reyes

"no permitas se disuelva mi esperanza
no dejes se me escape esta luz que a veces me habita"
"don't let my hope weaken
don't let the light that dwells in me sometimes slip away"

Frente a un cuadro de Degas

Muchacha de ajenjo,
qué pena honda ese mirar
que nada ve, que nada palpa,
como beso de la sombra a la sombra,
como la imparcialidad de los espejos
como el tiempo desasido en pétalos.
Si te volvieras niña aquí en la mesa
tocarían tus dedos al hombre de la pipa
que te ignora,
lo llamarías tío halando su chaqueta.
Si con la lucidez del humo
que teje aquí en la fonda
volvieras mínima a tus andadas,
mirarías a través de los cristales
las copas dormidas,
los vinos sedientos;
tendrías ansiedad de magos, carruseles,
no esta perdida soledad de pueblo en la mirada.
Si pudiera
en la paleta de Degas irme hasta tus ojos,
dejaría en ellos la esperanza,
un poco de este amor imposible
                              para salvarte.

Before a Degas

Wormwood girl,
how deeply painful that look
that sees nothing, touches nothing,
like a kiss kissing the shadow,
like mirrors' neutrality
like time released in petals.
If you became a child here on the table
your fingers would touch the man with the pipe,
who ignores you,
you'd call him old geezer pulling his jacket.
If with smoke's clarity
being knitted here in the inn
you imperceptibly returned to your old ways,
you'd look beyond glass
sleeping cups,
thirsty wine;
you'd be craving for magicians, carrousels,
not this abandoned town loneliness in your look.
If I could
reach your eyes in Degas's palette,
I'd leave in them hope,
a dab of this impossible love
                    to save you.

El chicuelo

A Luis Gabriel Suárez Muñoz

Mi hijo su edad
yo igual ternura
del padre en miseria,
temo
no sentirlo a mi lado
con la piedra
para el cristal del vecino.

En noches acudo
hasta la cama
                 toco su pecho,
sediento girasol el oído
dormida respiración
junto al miedo.

The Kid

To Luis Gabriel Suárez Muñoz

My son his age
me with likewise tenderness
of a father in misery,
I am afraid
not to feel him beside me
with the rock
for the neighbour's window.

At night I go
to his bed
            I touch his chest,
the ear a thirsty sunflower
sleepy breathing
next to fear.

Vida I

Para Ronel González

Desnuda y sola
           como nació
quebrada.
No basta luz que prometes
si astillé un violín
contra el filo del amanecer,
sus cuerdas
naufragios de lágrimas
que no digo,
por suspicacia de mono viejo,
aprendí a tragar dudas
como espadas en el circo
(las aguas de mí tienen destino,
creo en puertas que dan al mar).
Anunciado de fuegos
huidizo del día,
sobrecreído de retóricas,
harto de iluminaciones,
debo achicarme de teorías
que no devolverán
aquellos amaneceres
junto al mar de infancia
cuando el tiempo era reloj blando,
derramado,
sobre la frente feliz
              que lo ignoraba.

Life 1

To Ronel González

Nude and lonely
                 the way she was born
broken.
The light you promise is not enough
if I splintered a fiddle
against the dawn's edge,
its strings
a wreckage of tears
that I do not mention,
out of sly-old-fox suspicion,
I learned to swallow doubts
like swords in the circus
(my waters have a destination,
I believe in gates overlooking the sea).
Heralded by fires
elusive of the day,
over-conceited with rhetoric,
tired of illuminations,
I must minimize theories
that won't bring me back
those dawns
next to a childhood sea
when time was a limp watch, *
poured
upon the joyful forehead
                 that ignored it.

> * *Limp watch, the poet refers to the idea that when we are young we do
> not see time as a threat, as opposed to how we see it when we grow old.
> The phrase also alludes to Salvador Dali's painting
> "The Persistence of Memory," also known as "Limp Hanging Watches"*

La isla interior

En el viaje de la sombra vengo,
                              pura,
sosegada oquedad distribuyo silencios
                                        hablo
con mi isla interior
                      duerme
abro los ojos
ala insomne dispone regresos
larga espera de orillas soterradas
olas lamen ternura
niños buscadores de caracolas
piedras luminosas aireadas
de sal y de misterio.
Con alegría fui a esas playas:
era el infante del aire
que viajó hasta las aguas
soplo ingenuo perderse en horizontes
para traer plumas del ave de los sueños
por puertas y ventanas entran
todo embriaga y seduce
hasta el lento olvido anima a perderse
desnuda soledad nos creemos eternos
la isla nos mira largo y es
espacio entre mi sangre y las estrellas.

The Island Inside

I come in the journey of the shadow,
                              pure,
restful emptiness I give out pieces of silence
                                        I talk
with my island inside
                    it sleeps
I open my eyes
wakeful wing that dictates comebacks
long waiting of hidden shores
the waves lap tenderness
children looking for conches
luminous rocks freshened
with salt and mystery.
I joyfully visited those beaches:
I was the air's infant
who travelled to the waters
naïve blow it is to get lost in horizons
to bring back feathers of the dream bird
through doors and windows they come in
everything inebriates and seduces
even slow forgetfulness spurs on to get lost
nude loneliness we think we will last forever
the island stares at us at length and it is
a space between my blood and the stars.

Monólogo
de la abuela
ciega mirando las estrellas

Dios mío,
heme aquí con las estrellas,
tus ojos ingrávidos
cernidos sobre el mundo
miran estos huesos desolados
no conocieron el amor
bebían costumbres
su calma al moler
pasto de años perdidos.

Aquí,
Dios de mi fracaso,
gacela cansada,
agua detenida
en estanque sin peces,
limosa,
mordida en quietud
por tiempo de tenazas.
Me gasto en noches
vela encendida
sóplame Dios
cansa no encontrarte
extraviado astronauta
en el cosmos de estos ojos
que perdieron su luz.

Monologue
of the Blind Grandmother
Gazing at the Stars

My God,
here I am with the stars,
your subtle eyes
looking at the world
they watch these forsaken bones
they did not know love
they drank habits
calm grinding
pastures of lost years.

Here,
God of my failure,
tired gazelle,
stagnant water
in a fishless pond,
muddy,
bit quietly
by harsh times.
I consume at nights
lit candle
blow me God
it exhausts not to find you
lost astronaut
in these eyes' universe
that lost their light.

Canción I

Para Lucía

Si te llenaras de penumbras;
la vida, en fin, precipita borrascas,
nubes de infortunio no dejan ver

                              ni sentir,
sería lámpara,
humilde y soterrada en el corazón cautiva
mi lumbre tu luz
como estrella apagada se deja ver
aunque no exista.

Song 1

To Lucía

If shadows enveloped you;
life, after all, rushes storms,
clouds of misfortune block sights
                                    and feelings,
I would be a lamp,
humble and kept captive in the heart
my flame your light
like an extinct star appearing
even when it does not exist.

Urgentes

Aviones, mudanzas, boca ávida
amanecida,
detrás de la masacre
niños despanados miran.

Mis ojos por la flor
olvidé su perfume. Urgentes
aspas de ventiladores, amigos
a países
de humanidad y edificios,
aparatos plásticos
sonríen vitrinas de las tiendas
suben y bajan
fabricados para evitar la urgencia.

Por eso en este pedacito de tierra
parcela húmeda del jardín
vivo la ingravidez del caracol
se acerca sin contar sus días ni sus pasos
lenta flor para tocarla.

Urgent

Airplanes, moving out, avid mouth
in the dawn,
behind the carnage
children without bread watch.

My eyes after the flower
I forgot its fragrance. Urgent
electric fan blades, friends
to nations
of humanity and buildings,
plastic gadgetry
smiles in the shop windows
they go up and down
made to avoid urgency.

That is why on this piece of land
humid garden lot
I live the snail's slowness
approaching without counting its days or steps
slow flower to touch it.

Tregua

El lobo vela certidumbre de su presa
pero el bosque invita
desvía mirada de la huella
en los caminos.

Los árboles huelen
al buen día que llegará
para la fiera y su bravura.

No otea horizontes,
en busca del otro lame
primavera el aire que circunda
                              lo sacia
rocío y belleza del valle.
Su aullido parece ira
                    pero es canto.

Truce

The wolf lurks in certainty of its prey
but the forest invites
it detours its look from the track
on the roads.

The trees feel the scent
of the good day that will come
for the wild beast and its fierceness.

It does not loom far in the distance,
in search of the other it licks
spring the air around it
                    sates it
dew and beauty in the valley.
Its howl sounds like wrath
                    but it is a chant.

Apuntes

Mar de infancia
dócil
ave húmeda
tímida campana
puerta oscura
se agita
en retirada
acerca
la paloma al polvo.

Quién silba en esquinas
muchachos
retazos de tiempo
qué busca mi sombra
si soy olvido
agua de paso
ala quebrada
si recuerdo es copa
vacía
       sonora.

Notes

Childhood sea
quiet
wet birds
shy bell
dark door
shakes
in retreat
nears
the dove to dust.

Who whistles in the corners
boys
bits and pieces of time
what is my shadow after
if I am oblivion
passing water
broken wing
if memory is an empty
cup
      resonant.

Reclamo

Todo se inició en la palabra,
todo morirá en ella.
Cántaro de arpegios
que me susurran el olvido.
Si la tengo,
si la he recobrado,
si junto a mi almohada
besé sus labios de noche,
su boca de oscura melodía
y la llevo
en el costado donde a veces duele
donde a veces sangro.
Muerde mis sueños
con esa dulce ironía que acecha.
Tú que tienes el aliento
de los bosques sumergidos
y traes la abeja de oro,
la crátera de las mieles,
los horizontes negados a mis ojos,
no permitas se disuelva mi esperanza
no dejes
se me escape esta luz que a veces me habita.

Demand

Everything began with the word,
everything will die with it.
A jug of arpeggios
whispering oblivion.
If I have her,
If I have recovered her,
if on my pillow
I kissed her lips at night,
her mouth of dark melody
and I carry her
on my side where it hurts sometimes
where I bleed sometimes.
Bite my dreams
with that sweet irony stalking me.
You have the breath
of the sunken forests
and bring the golden bee,
the mixing bowl for honey,
the horizons denied to my eyes,
don't let my hope weaken
don't let
the light that dwells in me sometimes slip away.

Al fuego

Pertenezco al fuego, a la espiral de su agria mordedura
levanto y dejo gorriones del tiempo coman
de estos desechos que olvido a cada paso en inusitados rincones
de la noche. Su boca oscura abre contra la inclemente lluvia
y la desesperación del viento en los jagüeyes.
Llena de polen renovado la certeza de ser pasajero
de mieles viejas angustias lamen
con su lengua de olvido los caminos.
Del fuego vine y al fuego voy
en el bochorno de la niña tarde de pan con café,
mientras una mujer en la sombra deshace los hilos
para remendar su vida desbastada. Ella me mira.
El fuego es mi casa y me ha dejado sin voz,
solo signos extraviados que dibujo
en la sábana oscura de esta noche en que el fuego llama

                                                              y me quiebro

como débil rama ardo sin clemencia
y abunda en mi lo que se pierde.

To Fire

I belong to the fire, to the spiral of its bitter bite
I rise and let the sparrows of time eat
the crumbs I forget on my way in unusual places
of the night. Its dark mouth opens against harsh rain
and the wind's despair in the lianas.
Filled with renewed pollen the certainty of being a passenger
of old honeys anguish licks
the roads with its tongue of forgetfulness.
I came from the fire and to the fire I go
in the girl's embarrassment an afternoon of bread and coffee,
while a woman in the shadow unweaves the threads
to patch her wild life. She looks at me.
Fire is my home and has rendered me speechless,
only missing signs that I draw
on the dark bed sheet of this night in which fire calls
                                            and I break

like a weak bough I burn relentlessly
and what is lost abounds in me.

Sin título

En este sitio de soles desgajados
he fundado mi vida,
los espacios que frecuenta mi aliento.
Yo sé del aroma de sus muebles
de los almácigos quebrados,
del fruto de las ansiedades
por ir más allá de mi sombra.
He venido a este lado del verde
rodeado de aguas
prisionero de sus húmedas caricias.
Este es mi sitio fatal, el que no elegí
y me llegó un día con rumores
hechos de rabias y de cantos,
amores, tristezas, muchas tristezas,
catauro de angustias,
cerones de lágrimas como hirientes cristales.
Este es el espacio que me dejaron los dioses,
el cuenco donde anida mi esperanza
donde puse mi ojo de soñar
como un faro atrapado por su luz.

No Title

Upon this place of severed suns
I have erected my life,
the spaces my breath visits regularly.
I know the aroma of its furniture
of the fractured mastic trees,
of the fruit of anxiety
because I walked past my shadow.
I have come to this side of the green
surrounded by water
a prisoner of its wet strokes.
This is my fatal place, the one I did not choose
and came to me one day with rumours
made of anger and singing,
loves, sadness, much sadness,
a basket of anguish,
comb residues of tears like piercing glass.
This is the space the gods left for me,
the bowl where my hope nestles
where I set my dreaming eye
like a beacon trapped in its light.

Arte poética

No me devuelvas el tiempo, esa moneda partió por la ranura
como una hostia de sol que baja en lontananza.
Guarda para el olvido la piel gastada que cubre los sueños,
la tibieza profunda de lo intocado,
huesitos nunca vistos
que cloquean en la profunda urna de lo no dicho.
¿No ves cómo se gastan las palabras,
que me hastía la sísifa vuelta de la flor?
Si algo debe arder que sea dentro.
Deja que la guitarra se trague sus cuerdas,
que el animal sediento beba de sus vísceras.
Hoy no quiero cantar. Si la luna está en lo alto
derríbala con la misma vara de tumbar los cocos,
no permitas sea testigo de tu amor o tus odios.
Cuela un café con los restos de tu lira.
Y si Narciso se mira en la fuente
déjalo se ahogue en su belleza

y canta.

Ars Poetica

Don't give me back time, that coin slipped down the slot
like a sun oyster descending in the distance.
Keep for forgetfulness the worn-out skin that covers dreams,
the deep warmth of what has not been touched,
little bones never seen before
clucking in the profound urn of the unsaid.
Can't you see how words peter out,
that I am disgusted by the flower's endless cycle? *
If something must burn let it be inside.
Let the guitar swallow its strings,
let the thirsty animal drink from its entrails.
I don't want to sing today. If the moon is high in the sky
yank it down with the same pole used to bring down coconuts,
don't let her be a witness of your love or your hatred.
Brew coffee with the remnants of your lyre.
And if Narcissus admires himself in the fountain
let him drown in his beauty

                              and sing.

> * The flower's endless cycle, in the poem in Spanish the author uses the word sísifa
> to allude to Sisyphus, king of Corinth who was condemned for eternity to roll
> a stone uphill only for it to roll back downhill as he neared the top
> (Greek Mythology) [taken from Babylon English].
> The flower's constant return evoked such perception in the poet

Crónica del alba

Pican gorriones
en el silencio del amanecer
se levantan mis hijos
violan panes que guardé del día anterior.
Asustan las noticias.
Gorriones indiferentes
roban el arroz que duerme
a los pies del Buda de yeso
que alimenta la esperanza.
Rara mezcla del sueño:
el arroz que los gorriones roban,
el hambre insaciable de mis hijos
y el niño mutilado en la noticia.
Qué ajiaco de pavor la vida.

A Chronicle of Dawn

Sparrows peck
in the silence of dawn
my kids get up
ravish bread I kept from yesterday.
News scare.
Indifferent sparrows
stealing rice sleeping
at plaster Buddha's feet,
who nurtures hope.
Strange mixture of the dream:
the rice stolen by the sparrows,
my kids' unquenchable hunger
and the maimed child in the news.
Life is a jumble of terror.

Diatriba

Palabras no pueden con la sangre.
Preso en sus voces y destellos
No amparan vidas que caen
Al abismo de esta mañana
Donde la radio ofrece cifras de silencio.
Y vivo
Rumoroso sonajero,
Cola de cascabel diciendo peligro,
Maraca inútil
Que rumia su logos, sus certezas.
Soy antifaz, lágrima colgando del alero
Donde la tristeza ajena llueve
Sobre el mundo donde me inventé
Un cálido rincón y quemo
Vidas ajenas para calentar mis días.

Diatribe

Words cannot emulate blood.
A prisoner in their voices and flashes
They do not protect the lives that collapse
Into the abyss of this morning
When the radio tells of silent figures.
And I live
Murmuring baby's rattle,
Rattlesnake tail warning of danger,
Useless maraca
Chewing over its logos, its certainties.
I am a mask, a tear hanging from the eave
Where other people's sadness rains
Upon the world where I invented myself
A tepid corner and I burn
Other people's lives to warm my days.

Algo más

Ser algo más que una taza de café,
este lugar en la cama y mis manías.
Tampoco atardecer que duele
llega cuchillo de tiempo
a pinchar sobre cosas que perdí.
Los días duran menos,
no logro
recordar el nombre de aquella niña
que todavía sueño
sentada junto a mí en la escuela
donde ya nada huele a lápiz
ni a almidón de camisas
ni al sexo retoñado de muchachas en flor.
No puedo ser sólo esto.
Porque en noches bellas
cuando la orquesta del barrio cierra partituras
y el cielo cuelga
faroles de fiesta a mi alegría
miro a lo lejos
a los prados ocultos donde pacen
ovejas no tocadas, los frutos mejores, y soy
grano de maíz en la siembra mayor
humilde semilla regada de lo eterno.

Something More

To be something more than a cup of coffee,
this place in bed and my whims.
Not even a hurting afternoon
arrives a knife of time
to pierce the things I lost.
Days are shorter,
I cannot
remember the name of that girl
I still dream of
sitting next to me at school
where nothing smells like a pencil
or like starch on the shirts
or like blossomed sex in blooming girls.
I cannot be just this.
Because in beautiful nights
when the hood orchestra closes the sheet music
and the sky hangs
party lanterns for my joy
I look in the distance
at the concealed pastures where untouched
sheep graze, the best fruit, and I am
a grain of corn in the bumper crop
humble seed sprinkled from eternity.

*(Todos los poemas en español enviados por el autor /
All the poems in Spanish submitted by the author)*

Afterword

Found in Translation. A Comment on *The Memory Pond*, edited and translated by Professor Miguel Ángel Olivé Iglesias

Guillermo Ronda Velázquez, MSc
Head English Language Professor
Associate Professor, Foreign Languages Faculty
Havana University, Cuba

The first time I read a book by Professor Miguel Ángel Olivé Iglesias was in 2020. It was his first book as a literary essayist and he asked me to comment on it. After that, I have been regularly invited by Olivé to say a few words about what he writes: he says I have become some sort of a consultant for his work. I see it as a privilege. My former professor, and always friend, is now constantly inviting me to talk about his books, a long list of them since he began to publish in 2018.

This time it is a bilingual poetry book where Olivé grouped four distinguished poets, two from Cuba, two from Canada. *The Memory Pond*, from the Bridges Series Books, Volume VI, published by SandCrab Books, allows us to appraise and praise four precious stones glimmering in its poetic waters. Elana Wolff, Luisa Muñoz, Don Gutteridge and Luis Suárez have shone in their own right for many years in their countries, leaving a literary heritage new poets ought to follow and readers ought to admire.

Now, in the hands of a motivated, expert editor and translator, we take delight in reading them in English and Spanish. Olivé succeeds, wholly, in finding a meeting point where their styles, passions, thoughts, heartbeats and expectations overlap, which led him to propose an entirely appropriate title. His dedication to the book goes beyond that: Olivé understands their poetry, enjoys it to the utmost, and works hard on translating it with pinpoint accuracy, respecting its spirit and doing his very best to reveal it in the target language. Mission accomplished, the poems originally in English in The Memory Pond can be read in Spanish and the sense, the emotion, the muses will retain their halo. Likewise, the poems in Spanish will be read in English and the loss in translation will be no loss at all but a gain in sensations and enlightenment.

A word about the artist. His work is impressive. It absolutely fits in the book's general tone. This is another achievement of publisher, Richard Grove / Tai, and editor, Miguel Olivé.

I am nothing but honored to have been asked to read and learn and spiritually grow with *The Memory Pond*. Hope every reader feels the same.

Epílogo

Encontrado en la traducción. Un comentario sobre *El remanso de evocaciones*, editado y traducido por el profesor Miguel Ángel Olivé Iglesias

Guillermo Ronda Velázquez, MSc
Profesor Principal de Idioma Inglés
Profesor Auxiliar, Facultad de Lenguas Extranjeras
Universidad de La Habana, Cuba

La primera vez que leí un libro por el profesor Miguel Ángel Olivé Iglesias fue en 2020. Fue su primer libro como ensayista literario y me pidió que comentara sobre el mismo. Después, Olivé me ha invitado con regularidad a decir unas palabras sobre lo que escribe: dice que me he convertido en una especie de especialista sobre su trabajo. Lo veo como un privilegio. Mi ex profesor, y siempre amigo, ahora me invita constantemente a hablar de sus libros, una larga lista desde que comenzó a publicar en 2018.

Esta vez es un libro bilingüe de poesía donde Olivé agrupó cuatro poetas distinguidos, dos cubanos, dos canadienses. *El remanso de evocaciones*, de la Serie de Libros Puentes, Volumen VI, publicado por la SandCrab Books, nos permite justipreciar y alabar cuatro piedras preciosas refulgiendo en sus aguas poéticas. Elana Wolff, Luisa Muñoz, Don Gutteridge y Luis Suárez han brillado con derecho propio por muchos años en sus países, dejando una herencia literaria que los nuevos poetas debieran seguir y los lectores admirar.

Ahora, en las manos de un motivado, experto editor y traductor, nos regocijamos al leerlos en inglés y español. Olivé logra, completamente, hallar un punto de encuentro donde sus estilos, pasiones, pensamientos, latidos y expectativas se superponen, lo que lo llevó a proponer un título totalmente apropiado. Su dedicación al libro va más allá: Olivé entiende su poesía, la disfruta al máximo, y trabaja duro en su traducción con precisión milimétrica, respetando su espíritu y dando lo mejor de sí para revelarlo en la lengua de destino. Misión cumplida, los poemas originalmente en inglés en El remanso de evocaciones se pueden leer en español y el sentido, la emoción, las musas mantendrán su halo. Igualmente, los poemas en español se leerán en inglés y la pérdida en la traducción no será pérdida alguna en lo absoluto sino una ganancia en sensaciones e ilustración.

Unas palabras sobre el artista. Su trabajo es impresionante. Se aviene enteramente al tono general del libro. Es este otro logro del publicador, Richard Grove / Tai, y del editor, Miguel Olivé.

No estoy sino honrado por habérseme pedido que leyera y aprendiera y creciera espiritualmente con *El remanso de evocaciones*. Espero que cada lector sienta lo mismo.

All Bios

Elana Wolff

Elana Wolff is the author of eight collections of poetry and a collection of short essays on poems. She has also co-authored, with the late Malca Litovitz, a collection of rengas; co-authored, with Susie Petersiel Berg, a limited-edition chapbook of poems; and co-translated, with Menachem Wolff, poems from the Hebrew by Georg Mordechai Langer—part of a joint Kafka-Langer flipside book (translations by Thor Polson of late stories by Franz Kafka). Her cross-genre Kafka-quest work, Faithfully Seeking Franz (Guernica Editions), will be launched in December, 2023. Elana's writing has been widely published in Canada and internationally and has garnered numerous awards. She has taught English for Academic Purposes at York University in Toronto and at The Hebrew University in Jerusalem. She currently lives and works in Toronto, Canada.

Some poetry books:
Birdheart.
Mask.
You Speak to Me in Trees, Winner of the F. G. Bressani Prize; shortlisted for the Acorn-Plantos Award for People's Poetry.
Startled Night, nominated for the ReLit Award.
Everything Reminds You of Something Else.
Swoon, Winner of the Canadian Jewish Literary Award for Poetry.

Essays:
Implicate Me: Short Essays on Contemporary Poems, with an introduction by Ellen S. Jaffe.
Faithfully Seeking Franz: A Cross-Genre Kafka-quest work.

Some coauthored works:
Slow Dancing: Creativity and Illness (Rengas and Dulogue), with Malca Litovitz.

Elana Wolff

Elana Wolff es autora de ocho colecciones de poesía y una de ensayos breves sobre poemas. También ha sido coautora, con la desaparecida Malca Litovitz, de una colección de rengas; coautora, con Susie Petersiel Beg, de una edición limitada de un poemario; y ha co-traducido, con Menachem Wolff, poemas del hebreo de Georg Mordechai Langer—como parte de un libro reverso (traducciones de Thor Polson de las últimas historias de Franz Kafka). Su investigación sobre la obra de Kafka en forma de géneros cruzados, Faithfully Seeking Franz (Guernica Editions), se lanzará en diciembre, 2023. La obra de Elana ha sido ampliamente publicada en Canadá y a nivel internacional y ha recibido numerosos premios. Ha dado clases de Inglés con Fines Académicos en la Universidad de York en Toronto y en la Universidad Hebrea de Jerusalén. Actualmente vive y trabaja en Toronto, Canadá.

Algunos libros de poesía:
Birdheart.
Mask.
You Speak to Me in Trees, Ganadora del Premio F. G. Bressani; preseleccionada para el Premio Acorn-Plantos de Poesía del Pueblo.
Startled Night, nominada para el Premio ReLit.
Everything Reminds You of Something Else.
Swoon, Ganadora del Premio Judío Canadiense Literario de Poesía.

Ensayos:
Implicate Me: Short Essays on Contemporary Poems, con introducción de Ellen S. Jaffe.
Faithfully Seeking Franz: Investigación sobre la obra de Kafka en forma de géneros cruzados.

Algunas coautorías:
Slow Dancing: Creativity and Illness (Rengas y Duólogo), con Malca Litovitz.

Lucía Esther Muñoz Maceo

Lucía Esther Muñoz Maceo es una de las voces más altas del panorama poético Granma. Poemas suyos han aparecido en numerosas publicaciones nacionales y extranjeras. Ostenta la Distinción por la Cultura Nacional.

Nació el 2 de septiembre de 1953 en Bayamo, provincia Granma, en el seno de una familia de músicos. En el período de 1975 a 1980 desarrolló los estudios universitarios correspondientes a la especialidad de Licenciatura en Letras, en la Universidad de Oriente de Santiago de Cuba. Ha participado en eventos literarios internacionales en Alemania, Venezuela, Nicaragua y México. Su obra posee un profundo contenido patriótico sobre todo en la forma en que refleja la historia patria, la cotidianidad de Cuba y el amor a lo autóctono. Ha formado parte de delegaciones en el exterior integradas por primeras figuras de las letras cubanas como Carilda Oliver y Miguel Barnet. Es miembro de la Unión Nacional de Escritores y Artistas de Cuba (UNEAC) y se desempeñó como presidenta de la filial provincial de esta organización durante diez años.

Algunos libros publicados:
Amarte sin saber el día. Editorial El Arte, Manzanillo, 1984.
Pongo de este lado los sueños. Colección Caserón. UNEAC, Santiago de Cuba, 1990.
Sobre hojas que nadie ve. Editorial Letras Cubanas, "Colección Pinos Nuevos". La Habana, 1994.
Únicos paraísos. Colección La Rueda Dentada. Editorial Unión. La Habana, 1996.
Trébol de la suerte. Diputación de Córdoba, España, 2006.
Una mujer puede andar. Antología trilingüe Ediciones ambos mundos, Murcia, España, 2006.
Antología Poesía Infiel. Editorial Abril. La Habana, 1989.
Antología Poesía Latinoamericana. Argentina Cuba. Rosario. Argentina, 1996.
Antología poética Hermanos, Brasil-Cuba, 1997.
Antología POESIA CÓSMICA CUBANA MÉXICO, 2001.

Algunos reconocimientos y distinciones:
Distinción por la Cultura Cubana.
Miembro de Honor de la Asociación "Hermanos Saíz".
Distinción Dama de Las Hespérides, Murcia, España, 2007.
Premio Provincial de Literatura por la Obra de Toda la Vida, 2012.

Lucía Esther Muñoz Maceo

Lucía Esther Muñoz Maceo is one of the highest voices in the poetic scenario in Granma. She is known as "The sweetheart of Bayamo." Her poetry has appeared in numerous national and international publications. She was presented with the National Culture Merit.

She was born September 2, 1953 in Bayamo, Granma Province, to a family of musicians. From 1975 to 1980 she studies at the Santiago de Cuba University, Major in Liberal Arts. She has participated in international literary events in Germany, Venezuela, Nicaragua and Mexico. Her oeuvre is filled with a profound patriotic element mostly in the way she reflects her Homeland history, everydayness in Cuba and love for what is naturally native. She has accompanied top figures of Cuban culture such as Carilda Oliver and Miguel Barnet in Cuban delegations abroad. She is a member of UNEAC (Cuban National Association of Writers and Artists) and was its Chair for ten years at the provincial branch.

Some publications:
Amarte sin saber el día. Editorial El Arte, Manzanillo, 1984.
Pongo de este lado los sueños. Colección Caserón. UNEAC, Santiago de Cuba, 1990.
Sobre hojas que nadie ve. Editorial Letras Cubanas, "Colección Pinos Nuevos". La Habana, 1994.
Únicos paraísos. Colección La Rueda Dentada. Editorial Unión. La Habana, 1996.
Trébol de la suerte. Diputación de Córdoba, España, 2006.
Una mujer puede andar. Antología trilingüe Ediciones ambos mundos, Murcia, España, 2006.
Antología Poesía Infiel. Editorial Abril. La Habana, 1989.
Antología Poesía Latinoamericana. Argentina Cuba. Rosario. Argentina, 1996.
Antología poética Hermanos, Brasil-Cuba, 1997.
Anuario de Poesía publicado por la UNEAC, 1994.
Antología POESIA CÓSMICA CUBANA MÉXICO, 2001.

Some awards and citations:
Cuban Culture Merit.
Honorary Member of the Saíz Brothers Association.
Dama de Las Hespérides Merit, Murcia, España, 2007.
Provincial Literature Award for a Lifetime Achievement, 2012.

Luis Carlos Suárez Reyes

Luis Carlos Suárez Reyes nació en Manzanillo el 28 de septiembre de 1955. En el año 1975 matriculó la carrera de Letras de la Facultad de Humanidades de la Universidad de Oriente. Inicia su vida laboral como redactor de la Revista Santiago de la Universidad de Oriente. Actualmente se desempeña como profesor del Centro de Superación para la Cultura, y es también profesor principal de la carrera de Estudios Socioculturales.

Algunas publicaciones:
Las cigüeñas no vienen de París, Ediciones Caserón, Santiago de Cuba, 1989.
Todo el mar era mío, Poesía, Editorial Oriente, 1990.
El regreso del guerrero (Poesía, Premio Pinos Nuevos), Editorial Letras Cubanas, 1996.
La palabra del otro (Poesía), Ediciones Bayamo, 2003.
El Caballero de los Pájaros, Editorial Oriente, 2005.
La loma de los gatos, Santiago de Cuba : Editorial Oriente, 2009.
Las ratas de Paraíso (Novela para niños), Editorial Oriente, 2012.
El anillo de la condesa y otros cuentos, Ediciones Bayamo, 2013.
Anuario de poesía de la UNEAC.
Antología Hermanos de Brasil.
Poesía Cósmica Cubana, de México.

Algunas condecoraciones y reconocimientos:
Distinción por la Cultura Nacional.
Premio Internacional de Poesía Nosside Caribe de Italia.
Mención en el Concurso Nacional de la UNEAC, 1997. Literatura para niños.
Premio José Joaquín Palma, 2014.

Luis Carlos Suárez Reyes

Luis Carlos Suárez Reyes was born in Manzanillo on September 28, 1955. In 1975 he entered Oriente University majoring in Liberal Arts in the Faculty of Humanities. Upon graduating he worked as editor in the Santiago Magazine for Oriente University. He is currently working as a professor at the Centre for Cultural Upgrading, and is also Head Professor of the major Sociocultural Studies.

Some publications:
Las cigüeñas no vienen de París, Ediciones Caserón, Santiago de Cuba, 1989.
Todo el mar era mío, Poesía, Editorial Oriente, 1990.
El regreso del guerrero (Poesía, Premio Pinos Nuevos), Editorial Letras Cubanas, 1996.
La palabra del otro (Poesía), Ediciones Bayamo, 2003.
El Caballero de los Pájaros, Editorial Oriente, 2005.
La loma de los gatos, Santiago de Cuba : Editorial Oriente, 2009.
Las ratas de Paraíso (Novela para niños), Editorial Oriente, 2012.
El anillo de la condesa y otros cuentos, Ediciones Bayamo, 2013.
UNEAC Poetry Yearbook.
Anthology Brothers of Brazil.
Cuban Cosmic Poetry, in Mexico.

Some awards and citations:
Merit for National Culture.
International Poetry Award Nosside Caribbean, from Italy.
Citation in the National UNEAC Contest, 1997. Literature for Children.
José Joaquín Palma Award, 2014.

Don Gutteridge

Don Gutteridge was born in Sarnia and raised in the nearby village of Point Edward. He taught High School English for seven years, later becoming a Professor in the Faculty of Education at Western University, where he is now Professor Emeritus. He has published seventy-six individual books and several anthologies of selected works, including poetry, fiction and scholarly essays in literary criticism and pedagogical theory and practice. He has published twenty-two novels, including the twelve-volume Marc Edwards mystery series and a YA fable, The Perilous Journey of Gavin the Great, and forty-three books of poetry, one of which, Coppermine, was short-listed for the 1973 Governor-General's Award. In 1970 he won the UWO President's Medal for the best periodical poem of that year, "Death at Quebec."   His poetry has been translated into Spanish by Professor Miguel Ángel Olivé Iglesias, into Bengali by professor Shireen Huq, and into Chinese by Poet Laureate Anna Yin. Don lives quietly and writes daily in London, Ontario.

Find some of his books: www.WetInkBooks.com
The Village Within, Fiddlehead: Fredericton, 1970.
God's Geography, Brick Books: London, 1982.
The Exiled Heart; Selected Narratives, Oberon: Ottawa, 1986.
Flute Music in the Cello's Belly, Moonstone: Goderich, 1997.
Tidings, Black Moss Press: Windsor, 2015.
Inundations, Hidden Brook Press: Brighton, 2016.
Home Ground, Hidden Brook Press: Brighton, 2018.
Point Taken: Collected Poems 2014-2020, Hidden Brook Press: Brighton, 2020.
Where Rivers Run Deep, Hidden Brook Press: Brighton, 2001.

YouTube Podcasts:
Tom Gutteridge, grandson, interviews with Don Gutteridge

1 – Audio – Title: Mythics –
https://www.youtube.com/watch?v=h0N9nMfLiVo
2 – Audio – Title: Tidings –
https://www.youtube.com/watch?v=haF0bx1wBNo
3 – Audio – Title: Idyll –
https://www.youtube.com/watch?v=Iy8wSW-T5fQ
4 – Audio – Title: Lily's Story –
https://www.youtube.com/watch?v=3FWWp53pK40

5 – Audio – Title: Mard Edwards –
https://www.youtube.com/watch?v=CPODLff4GAE
6 – Audio – Title: 1973 CBC Radio performance – Riel: A poem for
Voices – https://www.youtube.com/watch?v=vVLqbRtXMwo
7 – Audio – Title: 3 Novels: Bus Ride, All In Good Time,
Bewilderment: A Novel of the Great Depression –
 https://www.youtube.com/watch?v=QGRtiYDrF4w
8 – Audio – Title: "A True History Lambton County" and "God's
Geography" – https://www.youtube.com/watch?v=bLPK5c8WB2s

Don Gutteridge

Don Gutteridge nació en Sarnia y fue criado en el cercano pueblo de
Point Edward. Fue maestro de inglés de un instituto de enseñanza
durante siete años, luego se hizo Profesor de la Facultad de
Educación en la Universidad Western, donde ahora es Profesor
Emérito. Ha publicado setenta y seis libros individuales y numerosas
antologías de obras escogidas, incluidos poemas, ficción y ensayos
académicos de crítica literaria y teoría y práctica pedagógicas. Ha
publicado veintidós novelas, entre ellas las series de misterio de
Marc Edwards de doce volúmenes y una fábula YA, La peligrosa
travesía de Gavin el Magnífico, y cuarenta y tres libros de poesía, uno
de los cuales, Coppermine, fue nominado para el Premio del
Gobernador General de 1973. In 1970 obtuvo la Medalla UWO del
Presidente por el mejor poema de publicación periódica de ese año,
"Muerte en Quebec". Su poesía ha sido traducida al español por el
profesor Miguel Ángel Olivé Iglesias, al bengalí por la profesora
Shireen Huq, y al chino por la Poeta Laureada Anna Yin. Don lleva
una vida tranquila y escribe a diario en London, Ontario.

Find some of his books: www.WetInkBooks.com
The Village Within, Fiddlehead: Fredericton, 1970.
God's Geography, Brick Books: London, 1982.
The Exiled Heart; Selected Narratives, Oberon: Ottawa, 1986.
Flute Music in the Cello's Belly, Moonstone: Goderich, 1997.
Tidings, Black Moss Press: Windsor, 2015.
Inundations, Hidden Brook Press: Brighton, 2016.
Home Ground, Hidden Brook Press: Brighton, 2018.
Point Taken: Collected Poems 2014-2020, Hidden Brook Press: Brighton, 2020.
Where Rivers Run Deep, Hidden Brook Press: Brighton, 2001.

Podcasts en YouTube:
Tom Gutteridge, su nieto, entrevistas con Don Gutteridge

1 – Audio – Título: Mythics –
https://www.youtube.com/watch?v=h0N9nMfLiVo
2 – Audio – Título: Tidings –
https://www.youtube.com/watch?v=haF0bx1wBNo
3 – Audio – Título: Idyll –
https://www.youtube.com/watch?v=ly8wSW-T5fQ
4 – Audio – Título: Lily's Story –
https://www.youtube.com/watch?v=3FWWp53pK40
5 – Audio – Título: Mard Edwards –
https://www.youtube.com/watch?v=CPODLff4GAE
6 – Audio – Título: 1973 CBC Aparición en la radio – Riel: A poem for
Voices – https://www.youtube.com/watch?v=vVLqbRtXMwo
7 – Audio – Título: 3 Novelas: Bus Ride, All In Good Time,
Bewilderment: A Novel of the Great Depression –
https://www.youtube.com/watch?v=QGRtiYDrF4w
8 – Audio – Título: "A True History Lambton County" y "God's
Geography" – https://www.youtube.com/watch?v=bLPK5c8WB2s

About the Artist
Juan Luis Maceo Núñez

Artist's CV

Full Name: **Juan Luis Maceo Núñez**.
Birthdate: December 1968. Bayamo, Granma, Cuba.
Graduated from the Plastic Arts National Institute (PANI), majoring in Sculpture and Drawing, 1987.
Sculpture and Drawing professor in Bayamo.
UNEAC member, Chair of the UNEAC Plastic Artists Branch in Granma.
Artist Registration Number: 2538.

Some symposiums of marble sculptures in the last years

2017. Seventh National Symposium of Environmental Sculpture "Rita Longa" Manzanillo, Granma.
2014. Sixth National Symposium of Environmental Sculpture "Rita Longa" Bayamo, Granma.
2010. Fourth National Symposium of Environmental Sculpture "Rita Longa" Bayamo, Granma.
2008. Third National Symposium of Environmental Sculpture "Rita Longa" Manzanillo, Granma.

Main solo expos in the last years

2022. Solo Expo "Tiny Dreams" 35 years in the arts, Provincial Arts Centre, Bayamo, Granma.
2022. Solo Expo "Eros Abstraction" Seat of the Catalogue Records Database of the Cultural Product, Bayamo, Granma.
2020. Solo Expo "COVID or not COVID" Gallery II, UNEAC Provincial Committee, Bayamo, Granma.

Some group expos

2023. Group Expo Illustrated Poetry "From Colour to Poetry" during the National Book and Literature Fair, Cultural Centre Armando Hart.
2023. UNEAC Provincial Exhibition Hall "Julio Girona," UNEAC Municipal Committee Gallery, Manzanillo, Granma.
2022. UNEAC Provincial Exhibition Hall "Julio Girona," UNEAC Municipal Committee Gallery II, UNEAC Provincial Committee, Bayamo, Granma.

Some awards

2023. Citation, UNEAC Provincial Exhibition Hall "Julio Girona," UNEAC Municipal Committee Gallery UNEAC Municipal Committee, Manzanillo, Granma.
2022. ARTEX Award, UNEAC Provincial Exhibition Hall "Julio Girona," UNEAC Municipal Committee Gallery II, UNEAC Provincial Committee in Granma.
2019. Award in the Provincial Exhibition Hall "Julio Girona," UNEAC.

Main art located on various sites

Environmental Sculpture (Marble) "Encounter II." Guacanayabo Hotel, Manzanillo, Granma.
Environmental Sculpture (Marble) "Fish." Santiago de Cuba.
Environmental Sculpture (Marble) "Resurrection." Seafront Manzanillo, Granma.
Relief in honour of José Martí. Camilitos Military School. Bayamo, Granma.
Relief in honour of Ernesto Che Guevara, Pata de la Mesa, Sierra Maestra (place where Che set up his first headquarters).

He has been invited to be member of juries in different municipal, provincial and national events. Among them: the April Exhibition Hall Event in Las Tunas, the "Regino Boti" National Forum of Literature and Plastic Arts in Guantánamo, the National Exhibition Hall of Children's Plastic Arts "Where Palm Trees Grow" and the Municipal Exhibition Hall of Plastic Arts "Manuel del Socorro Rodríguez," in Bayamo, Granma.

His collections belong to CubAdentro (InsideCuba), "IMAGO MUNDI" Project, of the Italian collector Luciano Benetton. His work is also part of private collections in Canada, Germany, Spain, United States, Brazil, Venezuela, Chile, The Netherlands and Russia.

Sobre el artista
Juan Luis Maceo Núñez

Curriculum artístico

Nombre y apellidos: **Juan Luis Maceo Núñez.**
Nacimiento: Diciembre 1968. Bayamo, Granma, Cuba.
Graduado en la Escuela Nacional de Artes Plásticas (ENAP), en la especialidad de Escultura y Dibujo, 1987.
Profesor de Escultura y Dibujo en Bayamo.
Miembro de la UNEAC y presidente de la filial de artistas plásticos de la UNEAC en Granma.
Registro del creador: 2538.

Algunos simposios de esculturas en mármol en los últimos años

2017. 7mo Simposio Nacional de Escultura Ambiental "Rita Longa" Manzanillo, Granma.
2014. 6to Simposio Nacional de Escultura Ambiental "Rita Longa" Bayamo, Granma.
2010. 4to Simposio Nacional de Escultura Ambiental "Rita Longa" Bayamo, Granma.
2008. 3er Simposio Nacional de Escultura Ambiental "Rita Longa" Manzanillo, Granma.

Principales expos personales en los últimos años

2022. Expo Personal "Pequeños sueños" 35 años de vida artística, Centro Provincial de Arte, Bayamo, Granma.
2022. Expo Personal "Eros Abstracto" Sede del Registro de Bienes Culturales, Bayamo, Granma.
2020. Expo Personal "COVID or not COVID" Galería II Columnas del Comité Provincial de la UNEAC, Bayamo, Granma.

Algunas expos colectivas

2023. Expo Colectiva poesía ilustrada "Del color al verso" colateral a la Feria Nacional del Libro y la Literatura, Centro Cultural Armando Hart.
2023. Salón Provincial de la UNEAC "Julio Girona", Galería del Comité Municipal de la UNEAC, Manzanillo, Granma.
2022. Salón Provincial de la UNEAC "Julio Girona", Galería II Columnas, Comité Provincial de la UNEAC, Bayamo, Granma.

Algunos premios
2023. Mención del Jurado, Salón Provincial de la UNEAC "Julio Girona", Galería del Comité Municipal de la UNEAC, Manzanillo, Granma.
2022. Premio ARTEX, Salón Provincial de la UNEAC Julio Girona, Galería II columnas del Comité Provincial de la UNEAC en Granma.
2019. Premio Salón Provincial de la UNEAC "Julio Girona".

Principales obras emplazadas

Escultura Ambiental (Mármol) "Encuentro II". Hotel Guacanayabo, Manzanillo, Granma.
Escultura Ambiental (Mármol) "Pez". Santiago de Cuba.
Escultura Ambiental (Mármol) "Resurrección". Litoral Manzanillo, Granma.
Relieve a José Martí. Escuela de Camilitos. Bayamo, Granma.
Relieve a Ernesto Che Guevara, Pata de la Mesa, Sierra Maestra (lugar donde el Che estableció su primera comandancia).

Ha participado como jurado en diferentes eventos de carácter municipal, provincial y nacional. Entre ellos: Salón de Abril en la Provincia de Las

Tunas, el Encuentro Nacional de Literatura y Artes Plásticas "Regino Boti" en Guantánamo, el Salón Nacional de Plástica Infantil "De donde crece la palma" y el Salón Municipal de Artes Plásticas "Manuel del Socorro Rodríguez", en Bayamo, Granma.

Obras de este creador pertenecen a la colección CubAdentro del proyecto "IMAGO MUNDI" del coleccionista italiano Luciano Benetton. También tiene obras en colecciones privadas en Canadá, Alemania, España, Estados Unidos, Brasil, Venezuela, Chile, Países Bajos y Rusia.

About the Editor / Sobre el Editor:
Miguel Ángel Olivé Iglesias

BEd, English Major. Graduated from the former Teacher Training College of Holguín. Associate Professor of Holguín University. He has a Master´s degree in the teaching of contemporary English. Poet, writer, essayist, editor, translator and proofreader. He has published more than a dozen books, many of which he has authored, besides editing, reviewing and translating numberless others. He publishes both academic and literary criticism papers and books, focused on the teaching of English as a foreign language and the analysis of Canadian literature, especially poetry. At present, he is giving the finishing touches to a book with his memoirs about the teaching of English, and continues to edit, review and translate Canadian authors.

Licenciado en Educación, Especialidad de Inglés. Graduado del antiguo Instituto Superior Pedagógico de Holguín. Profesor Auxiliar de la Universidad de Holguín. Máster en Ciencias Pedagógicas en la enseñanza del inglés contemporáneo. Poeta, escritor, ensayista, editor, traductor y revisor. Ha publicado más de una docena de libros, de muchos de los cuales ha sido el autor, además de editar, reseñar y traducir otros más. Publica artículos y libros de índole académica y de crítica literaria, enfocándose en la enseñanza del inglés como lengua extranjera y el análisis de literatura canadiense, especialmente la poesía. En estos momentos, le da los toques finales a un libro con sus memorias sobre la enseñanza del inglés, y continúa editando, reseñando y traduciendo autores canadienses.

Appendixes / Anexos

Lucía Muñoz. An Essay by PhD /
Lucía Muñoz. Un ensayo del DrC Máximo Gómez

Lucía Muñoz, the Sweetheart of the City

Máximo Ricardo Gómez Castells, PhD
Professor, Sociologist, Essayist, Writer, Cultural Promoter

Cuba's Monument City, Bayamo, has a father, patriot Carlos Manuel de Céspedes, pioneer of the Cuban wars of independence; Bayamo has a legacy of poets who have given shape to its poetic and literary history; Bayamo has an artistic heritage with names such as María Luisa Jiménez and Úrsula Céspedes de Escanaverino. Lucía Muñoz Maceo comes from this rich cultural mosaic. She is a poet of remarkable inspiration, whose love for her birth town movingly pulses in her poetry. These reasons suffice to state she is the Sweetheart of Bayamo.

This affair between a city that was once the Village of San Salvador (Saint Savior) and Lucía has spread amongst those who read her poems. Those are people nurtured by her sensibility and original use of syntax, where they find flavor and the tenderest of affections. It is an intimacy between Lucía and those who meet her every day in the streets of Bayamo or write to her via conventional mail and email thanking her for her fine poetry. It is fine poetry because it carries an underlying universe of history, mores and characters, which in the form of mysteries and myths populate the world reflected in her poems.

The perfect communion of poet and reader concretizes in the pleasantness of her poetry reading or when she recreates the most suggestive situations: freshness-filled raining and the love that reaches every milieu of a colonial town where the Spaniards left imprints of a conquering adventure—now she conquers with warmth. It is a harmony of loving hopes motivated by her poetry so that, as Paul Valéry said, readers can reencounter them. That is what I believe happens in this example:

"Speed up, traveler, shadows fall and the night is pitch black. I have lit the lamp and watched over its light so you don't get lost. Run to my arms, they wait for you; run to my heart, it adores you. When you arrive the miracle will happen, spring will

flower in many branches. Speed up, see how the sundown bleeds, see how I crave for love here standing by the gate." (*Lucía Muñoz Maceo*)

So much emotion held in a single poem seems to be impossible to hold, but reading it proves that the poetic enigma has been achieved: is it a note of peril or a message dripping desires of love? The answer is on the reader's side, who will decide whether it is the former or the latter.

The poem was written in prose form with such lyricism that it is evident the stanza does not define the type of poetry it is; rather the syntactical-expressive construction of the text, because lighting up a lamp and watching over its light to prevent the lover from getting lost shows the most mindful feeling of affection for the couple. This dramatic moment in the poem imposes a turn to the poem's rhythm: a flood of caresses and needs for his presence at home lead to the creation of ways of loving that trigger a passionate atmosphere.

This context of emotions is set on a sequencing prompted by arms that wait, a heart that adores, up to the miracle: branches where spring bursts; a signal indicating that with every arrival a new chapter of love begins. The mysticism contained in love then produces the return to the tenderness of dusks and the trail of a love story that symbolizes the village and the noble gentlemen of the city: the first Cuban romantic song, "La Bayamesa" (The Bayamo Girl). The echoes of this page live in the poetry of Lucía Muñoz, the Sweetheart of Bayamo.

Lucía Muñoz, una novia para una ciudad

Máximo Ricardo Gómez Castells, DrC
Profesor, Sociólogo, Ensayista, Escritor, Promotor Cultural

La ciudad Monumento Nacional de Cuba, Bayamo, tiene un padre, el patriota Carlos Manuel de Céspedes; iniciador de la gesta independentista cubana; tiene una zaga de poetas y poetisas que han configurado su historia poética y literaria; un entramado artístico donde se identifican figuras como María Luisa Milanés y Úrsula Céspedes de Escanaverino. En esa rica urdimbre emerge Lucía Muñoz Maceo, poetisa de notable inspiración cuyo amor por la ciudad natal está plasmado en su poesía de manera conmovedora; esas razones la reconocen como la Novia de Bayamo.

Este noviazgo de la que fuera Villa San Salvador con Lucía se ha expandido por quienes se acercan a su poesía. Personas que se nutren de la sensibilidad y original uso de una sintaxis donde sus lectores reconocen que habita el gusto y el más tierno cariño. Es una fraternidad de quienes la abordan en la cotidianidad tanto de su andar citadino, como en una remota mensajería donde le tributan el agradecimiento por sus enormes poesías. Que lo son debido a un universo subyacente de historia, costumbres y personajes que cual misterios y mitos pueblan el universo que refleja su lírica.

Esa perfecta comunión de poetisa y lector se alcanza desde la ternura con que lee sus poemas, o cuando recrea las más sugestivas situaciones ya sea una lluvia inundada de frescor y el amor que recorre los ámbitos de una ciudad colonial, donde los españoles dejaron las huellas de una aventura conquistadora que ahora lo hace de cariño. Es una ligazón de esperanzas amorosas que sus poesías hacen para que como dijera Paul Valery, el lector o lectora las vuelva a encontrar. Así pienso que sucede en esta poesía:

"*Apura el paso, viajero, caen las sombras y es de noche cerrada. He encendido la lámpara y cuidado su luz para que no te pierdas. Corre hacia mis brazos que te aguardan, hacia mi corazón que te venera. Cuando llegues se hará el milagro, estallará en ramas la primavera. Apura el paso mira que se desangra el atardecer, mira que desespero de amor junto a la verja*". (*Lucía Muñoz Maceo*)

Tanta emoción contenida en un poema parece imposible, pero leerlo certifica que ha sido logrado el misterio poético: ¿es una nota del peligro o un mensaje con las ansias de amar? La respuesta corre por la cuenta del lector que decidirá cuál razón es la buscaba en el poema.

La obra artística fue escrita en prosa con un lirismo tan profundo que hace evidente que la estrofa no determina la clasificación de la poesía, sino la construcción sintáctico-expresiva del texto, pues encender una lámpara y cuidar su luz para evitar que el amado se extravíe, significa el más cuidadoso sentimiento de afecto por la pareja. Este momento dramático del poema produce así un giro en el ritmo de la poesía porque aluviones de caricias y urgencias de la presencia en el hogar resultan de la construcción de maneras de amar que erigen una atmósfera apasionada.

Ese ámbito de pasiones tienen una secuenciación construida por brazos que aguardan, un corazón que venera, hasta un milagro: ramas donde estalla la primavera; una manera de anunciar que cada llegada es el inicio de un nuevo capítulo de cariño. Ese misticismo que contiene el amor produce entonces el retorno a la ternura que provocan los atardeceres y la huella de una historia amorosa que es el símbolo de la villa y de los galantes caballeros de la ciudad: la primera canción romántica cubana: La Bayamesa; los ecos de esta página viven en la lírica de Lucía Muñoz, la novia de Bayamo.

Luis C. Suárez. An Essay by PhD / Luis C. Suárez. Un ensayo del DrC Máximo Gómez

A Poet with an Ecumenical Perspective of Literature: Luis Carlos Suárez

Máximo Ricardo Gómez Castells, PhD
Professor, Sociologist, Essayist, Writer, Cultural Promoter

In the ancient origins of Greece the ecumenical concept covered the whole world; such ancestral meaning makes me feel that Suárez Reyes's poetry enjoys the transcendence of what is evident, which ultimately stands as what is foundational. It is present in fathomless and retrievable contexts for literature resulting, today, in a search for feasible feelings and enlightenment conducive to the creation of poetry.

It was not enough for the poet to live in a city, Manzanillo, where literature forges notable sagas. One day he found himself at a crossroads and began a journey where poetry was the way to express what was underneath. Such purpose in mind granted him command over the written word and access to numberless literary frontiers. In the case of poetry, he adopted it as an aesthetic principle and poured onto it the tenets that define his artistic work.

Does the poet use nothingness in his piece "Ars Poetica" to explore whether non-places or non-times are actually a form of absence? He really thinks they are another representation of existence:

Don't give me back time, that coin slipped down the slot
like a sun oyster descending in the distance.
Keep for forgetfulness the worn-out skin that covers dreams,
the deep warmth of what has not been touched, little bones never seen before
clucking in the profound urn of the unsaid.
Can't you see how words peter out,
that I am disgusted by the flower's endless cycle?
If something must burn let it be inside.
Let the guitar swallow its strings…

These are lines where the narrative takes on a lyrical tone. I detected this combination of genres when I wrote a literary essay about XXI-Century poetry: "… it is an undertaking that ignites a foundational symbolic event trying to contrast two artistic traditions." (Gómez, 2022 – Taken from "Sociolingüística e interpretante en la poesía del siglo XXI". In the book *Sociología y literatura*. Work in progress. La Habana: Ediciones Unión. Author: PhD Máximo Gómez-Castells). In the fragment from the quoted poem there are everyday phrases that re-blend as they settle in a new lexical-semantic context: time cannot be recovered, but it can be preserved as oblivion, which can come back in the way of sensations activated by worn-out skin or by mindfulness.

It is similar to imagining the sounds of a guitar if it swallows its strings. Suárez's poetry proposes too dialogues with the gods to ask why: "… *my fatal place, the one I did not choose / and came to me one day with rumours / made of anger and singing, / loves, sadness, much sadness…*" His poetry definitely belongs in its own right to postmodernism because it offers other manners to assess nothingness, or the unknown, where a variety of meanings wait for man to decode them.

Un poeta con una visión ecuménica de la literatura: Luis Carlos Suárez

Máximo Ricardo Gómez Castells, DrC
Profesor, Sociólogo, Ensayista, Escritor, Promotor Cultural

En los orígenes remotos de Grecia lo ecuménico aludía al mundo entero; por tal significado ancestral siento en la poesía de Suárez Reyes la trascendencia de lo aparente para arribar a lo fundacional; presente en ámbitos insondables y recuperables para la literatura que viene a resultar, en los días que vivimos, cual búsqueda de los sentimientos y conocimientos posibles que está en condiciones de instalar una poesía.

Para quien no le bastó vivir en una ciudad donde la literatura forjara sagas insignes: Manzanillo; se vio un día frente a una encrucijada de caminos y empezó un peregrinar que adoptó la poesía como vía para develar lo subyacente. Ese propósito le permitió ejercer un dominio sobre la palabra escrita y llegar a muchos confines de lo literario. En el caso de la poesía la adoptó como estética y plasmó en ella los principios que rigen su quehacer artístico.

¿En su obra "Arte Poética" utilizará como asidero la nada para indagar si los no-lugares o los no-tiempos son realmente la ausencia?, cuando piensa que representan otra forma existencial:

> *No me devuelvas el tiempo, esa moneda partió por la ranura*
> *como una hostia de sol que baja en lontananza.*
> *Guarda para el olvido la piel gastada que cubre los sueños,*
> *la tibieza profunda de lo intocado, huesitos nunca vistos*
> *que cloquean en la profunda urna de lo no dicho.*
> *¿No ves cómo se gastan las palabras,*
> *que me hastía la sisifa vuelta de la flor?*
> *Si algo debe arder que sea dentro.*
> *Deja que la guitarra se trague sus cuerdas…*

Versos donde habita principalmente el relato con tono lírico; esta hibridación de géneros ya la aprecié cuando hice un ejercicio crítico sobre la poesía del Siglo XXI: "…es un quehacer que inspira un hecho sígnico fundacional que intenta contrastar dos tradiciones artísticas". (Gómez, 2022 – Tomado de "Sociolingüística e interpretante en la poesía del siglo XXI". En el libro *Sociología y literatura*. En proceso editorial. La Habana: Ediciones Unión. Autor: Dr. Máximo Gómez-Castells); en el fragmento poético citado hay una huella de frases cotidianas que se re-fundan al instalarse en un nuevo contexto léxico-semántico: el tiempo no es una posibilidad recuperarlo, sino reservarlo como olvido que puede retornar al modo de sensaciones que produce una piel gastada o la conciencia.

Algo así como imaginar los sonidos que brinda una guitarra si se traga las cuerdas. También su poesía propone diálogos con los dioses para preguntar razones: *"…mi sitio fatal, el que no elegí / y me llegó un día con rumores / hechos de rabias y de cantos, / amores, tristezas, muchas tristezas…"* Definitivamente su poesía pertenece con todo derecho a la corriente artística del postmodernismo ya que presenta otras maneras de evaluar la nada, o lo desconocido, donde muchos significados se reservan para el hombre.

Elana Wolf. An Essay by MSc / Elana Wolf.
Un ensayo del MSc Miguel Ángel Olivé Iglesias

A Straight Word about Sidewise Angles.
An Essay on Elana Wolff's Poem "Sidewise" in *Swoon.*
Guernica Editions, 2020

Miguel Ángel Olivé Iglesias, MSc
Associate Professor Holguin University, Cuba
Author, Poet, Writer, Editor, Reviewer, Translator

You can know and get to admire poets reading one single poem, or you can follow up on their evolution and maturity when you are privileged to have a collection of their craft spanning decades. In Elana Wolff I enjoy all privileges: her first-step poetry, with *Birdheart*, from 2001, her progression, and her book *Swoon*, published in 2020: almost two decades of fine poems. Today I would like to talk about "Sidewise," one of the poems in *Swoon*.

I have pleasantly seen Elana remain faithful to a syntactical arrangement, sometimes longer, sometimes shorter proposals, which has become her signature and object of interest for the reader's attention. The way she handles sentences, allowing enjambment, stanza breaks or continuity to pause/flow creating stylistic effects – plus visual amusement once you ease into it – tells us we are witnessing a sustained poetic style evidential of the map of thoughts, involvement, insights, meanings, feelings, subtleties, pain, fears, teachings – and learning – urging the poet's turmoil of visualization: observant, keen poet eyes and active mind in full poetic labour.

Formidable succinctness of expression is captured in her poem "Sidewise." An heiress of Emily Dickinson, Elana juggles with detached construction, cliff-hanging sentence structure, variation, conciseness and precision, elliptical explorations, meanings and messages veiled and demanding. In a review of her poetry, I said her poems "*have a superbly distinct Emily Dickinson flavour in brevity and compactness, both in the rendering of the full poem and in the closing lines. In her capacity to pour out so much swirling inside her and do it with graceful briefness, lies one of Elana's many gifts as a poet.*" "Sidewise" is no exception to those elements – to rhythms, sudden turns, vertigo, shortcuts and sleight-of-hand skills she displays so comfortably when writing. Let's read below:

> "*Parts of a poem kept knocking along*
> *my thoughts*
> *like a cart on a slope. Spinning,*
> *quiv'ring, veering over*"

The act of creation is apparent in the poet's disposition of the first sentence. It is not her thoughts shaping up poetry; it is the other way around: "*Parts of a poem... knocking along* (her) *thoughts*": reality storms in, the poet is but the vessel that tries to contain it, but it overflows in a million codes. Then the rest of the psychological sentence with the break in sentences appealing to the senses and serving the meanings she wants to convey.

Notice the abrupt halt after "*my thoughts*," a full blank-space line down – a void – conjuring a sensation of falling, unsteadiness, anticipatory to the precipitous "*like a cart on a slope.*" The poet accentuates this notion through words denoting spiral-like meanings: "*Spinning, / quiv'ring, veering over.*" Here we have a truly engaged poet who sees beauty (a leitmotif in her pieces) and inspiration in what exists outside her but connects to her trains of thought. How Elana beholds a particular, everyday object and elevates it to a transcendental status transpires in the poem: "*Remarkable yet ordinary—/ glass in a wooden casement. / One I have in mind is sitting, looking inside out...*"

The first sentence provides the significance of the object for her ("*the glass*"). However "*ordinary*" – placed second in the sentence – it may be; its "*Remarkable*" impression appears foremost. That is how the poet sees it, how the poet sees things from her gifted perspective. Lines three and four fan out for us the poet's mental bearings and a class-one metaphor, "*lapidary shadows.*" The poet moves to lines five and six, introducing touch ("*Handy how it let itself be tapped*") to enter the realm of sound: "*… the clarion quality glass has,*" and metaphorically contributory (personification) in empowering glass with will ("*let itself be tapped*").

After this comes the creative upsurge discussed in the lines analyzed at the beginning; later we are offered the likening of object and bird (nature always present in her poetry), gravitas implied in both, and finally a proclamation dénouement, "*Only a poet can pen like this: // heart & hand commanding contradiction. / I'm trembling before such sweetness & disruption; I touch them…*" This last sentence builds on the idea of touch: gentle/passionate/enigmatic, as a poem can be; deep and utter, as an implication can sweep her away and make her quiver.

Stylistically speaking, the line "*I'm trembling before such sweetness & disruption*" is worth looking at, as antithesis clinks in it – or flaps wings! The two words put together strike me as a feeling of both wish to approach (sweetness) and step away from (disruption). That seems to be, indeed, the poet's state of mind, that ambivalence she is experiencing yet cannot shake off.

Carried away by the torrent of excitement overwhelming her, a throbbing Elana plunges into the act of writing the poem with "*heart & hand commanding contradiction.*" Such heart-hand conflict cautions her to be wary not to let her poet brittleness overshow, or her sensitivity trespass: "*I touch them // with as little fondness as possible. Not to seem too see-through, / too invested.*" One element to bring to analysis is that glass does reflect – might the poet see herself (and her life) mirrored in the window, being such bumper harvest a result of that impression? After all, it all happens *sidewise…* This poem will positively tilt your world-view. The poem:

Sidewise

Remarkable yet ordinary—

glass in a wooden casement.

One I have in mind is sitting, looking inside out: the window with its lapidary shadows.

Handy how it let itself be tapped: You can't mistake
the clarion quality glass has.

Parts of a poem kept knocking along
my thoughts

like a cart on a slope. Spinning,
quiv'ring, veering over

those enfolded in feeling
are like those with no emotion at all: demolished.

Hear deeply, deftly, hear like a pigeon.
Ear serene, pinna hidden—

lobe, a little buff dove-breast poking out,
angled sidewise …

A poet tried his life at vice, stayed
guileless as a child. Only a poet can pen like this:

heart & hand commanding contradiction.
I'm trembling before such sweetness & disruption; I touch them

with as little fondness as possible. Not to be too see-through,
too invested.

Una palabra derecha acerca de ángulos inclinados. Un ensayo sobre el poema de Elana Wolff "Inclinada" en *Éxtasis*. Ediciones Guernica, 2020

Miguel Ángel Olivé Iglesias, MSc
Profesor Auxiliar Universidad de Holguín, Cuba
Autor, Poeta, Escritor, Editor, Ensayista, Traductor

Puedes conocer y llegar a admirar poetas leyendo uno solo de sus poemas, o puedes dar seguimiento a su evolución y madurez cuando tienes el privilegio de poseer una colección de su obra que abarca décadas. En Elana Wolff disfruto todos los privilegios: su poesía incial, con *Corazón de pájaro*, de 2001, su progresión, y su libro *Éxtasis*, publicado en 2020: casi dos décadas de excelentes poemas. Hoy me gustaría hablar sobre "Inclinada", uno de los poemas en *Éxtasis*.

He visto con placer a Elana permanecer fiel a un formato sintáctico, a veces más largo, algunas veces más corto en su propuesta, el cual se ha convertido en su firma y en objeto de interés para la atención del lector. La forma en que maneja las oraciones, permitiendo los encabalgamientos, las interrupciones de la estrofa o la continuidad para pausar/fluir creando efectos estilísticos – más un disfrute visual una vez que te acostumbras a ello – nos dice que somos testigos de un estilo poético sostenido que evidencia el mapa de pensamientos, involucramientos, percepciones, significados, sentimientos, sutilezas, dolor, miedos, enseñanzas – y aprendizaje – que urgen el torbellino visual de la poeta: observadores, agudos ojos de poeta con una mente activa en total faena poética.

Imponente brevedad de expresión se aprecia en su poema "Inclinada". Heredera de Emily Dickinson, Elana hace malabares con la construcción independiente, estructura oracional de suspense, variaciones, concisión y precisión, exploraciones elípticas, significados y mensajes disimulados y exigentes. En un ensayo de su poesía, dije que sus poemas "*tienen un sabor Emily Dickinson soberbiamente distintivo en brevedad y compactación, tanto en la entrega del poema como un todo y en las líneas de cierre. En su capacidad para verter tanto remolino dentro de ella y hacerlo con sucinta elegancia, está una de las virtudes de Elana como poeta*". "Inclinada" no es la excepción en cuanto a estos elementos – ritmos, giros repentinos, vértigo, acortamientos, habilidades de prestidigitación que despliega tan cómodamente cuando escribe. Leamos lo siguiente:

> "*Partes de un poema seguían tocando*
> *mis pensamientos*
> *como un carrito cuesta abajo. Girando,*
> *vibrando, desviándose*"

El acto creativo se nota en la forma en que la poeta organiza la primera oración. No son pensamientos dando forma a la poesía; es lo contrario: "*Partes de un poema... tocando* (sus) *pensamientos*": la realidad irrumpe, la poeta no es sino el recipiente que trata de contener esa realidad, pro se desborda en un millón de códigos. Luego el resto de la oración psicológica con la interrupción de las oraciones apelando a los sentidos y sirviendo los significados que ella quiere transmitir.

Nótese el abrupto frenazo después de "mis pensamientos", una línea en blanco total debajo – un vacío – creando la sensación de caída, inestabilidad, anticipatoria al precipitante *"como un carrito cuesta abajo"*. La poeta acentúa esta noción por medio de palabras que denotan significados en forma de espiral: *"Girando, / vibrando, desviándose"*. He ahí una poeta enteramente entregada que ve la belleza (un tema clave en sus piezas) y la inspiración en lo que existe fuera de ella pero se relaciona con sus líneas de pensamiento. Como Elana observa un objeto particular, cotidiano y lo eleva a un estatus transcendental se evidencia en el poema: *"Impresionante mas común—/ vidrio en un marco de ventana. / Uno que tengo en la mente está posando, mirando desde dentro…"*

La primera oración da el sentido del objeto para ella (*"vidrio"*). Sin importar cuán *"ordinario"* – ubicado segundo en la oración – pudiera ser; su "Impresionante" impronta aparece por delante. Es así como la poeta lo ve, como la poeta ve las cosas desde su dotada perspectiva. Las líneas tres y cuatro nos muestran la orientación mental de la poeta y una met´fora de primer nivel, *"sombras lapidarias"*. La poeta se mueve hacia las líneas cinco y seis, introduciendo el tacto (*"Conveniente como se deja golpear suavemente"*) para entrar en el dominio del sonido: *"… el atributo de clarín que tiene el vidrio"*, y metafóricamente contributiva (personificación) al darle al vidrio poder de voluntad (*"como se deja golpear suavemente"*).

Después de esto viene el resurgimiento creativo comentado en las líneas analizadas al comienzo; luego se nos ofrece la igualación del objeto y el ave (la naturaleza siempre presente en su obra), solemnidad implícita en ambas, y finalmente una proclamación como desenlace, *"Solo un poeta puede escribir así: // corazón y mano dando órdenes a la contradicción. / Tiemblo ante tal dulzura e interrupción; las toco…"*

Esta última oración se erige sobre la noción del tacto: gentil/apasionada/enigmática, como un poema puede llegar a ser; profundo y cabal, como una implicación puede fascinarla y hacerla temblar.

Estilísticamente, la línea *"Tiemblo ante tal dulzura e interrupción"* vale la pena mirarla, ya que la antítesis tintinea en ella – ¡o revolotea las alas! Las dos palabras juntas me suenan como un sentimiento tanto de deseo de acercarse (dulzura) como de alejarse (interrupción). Parece ser, de hecho, el estado de ánimo de la poeta, esa ambivalencia que experimenta pero que no puede desprenderse de ella.

Arrastrada por el torrente de excitación que le cubre, una Elana pulsante se lanza al acto de escribir el poema con *"corazón y mano dando órdenes a la contradicción"*. Tal conflicto de corazón y mano le aconseja que sea cuidadosa para que su fragilidad de poeta no se evidencie demasiado, o que su sensibilidad transgreda: *"Las toco // con tan tenue afecto como sea posible. Para no ser demasiado penetrante, / demasiado imbuida"*. Un elemento a analizar es que el vidrio sí refleja – ¿podría la poeta verse a sí misma (y a su vida) proyectada en la ventana, siendo tal abundante recolección el resultado de esa impresión? Después de todo, las cosas ocurren *inclinadas...* Este poema ladeará positivamente su concepción del mundo. El poema:

Inclinada

Impresionante mas común—

                    vidrio en un marco de ventana.

Uno que tengo en la mente está posando, mirando desde dentro: la ventana con sus lapidarias sombras.

Conveniente como se deja golpear suavemente: No puedes confundir el atributo de clarín que tiene el vidrio.

Partes de un poema seguían tocando mis pensamientos

                    como un carrito cuesta abajo. Girando, vibrando, desviándose

los envueltos en el sentimiento son como aquellos sin emoción alguna: destruidos.

Escucha en lo profundo, diestramente, escucha como una paloma. Oreja serena, alas ocultas—

lóbulo, pecho de paloma color beige mostrándose,

inclinado en sesgo ...

un poeta buscó su vida en el vicio, permaneció
ingenuo como un poeta. Solo un poeta puede escribir así:

corazón y mano dando órdenes a la contradicción.
Tiemblo ante tal dulzura e interrupción; las toco

con tan tenue afecto como sea posible. Para no ser demasiado penetrante,
demasiado imbuida.

Don Gutteridge. An Essay by MSc / Don Gutteridge. Un ensayo del MSc Miguel Ángel Olivé Iglesias

The Prince and Shakespeare of Contemporary Canadian Poetry: A Lifetime of Rhymes and Rhythms

Miguel Ángel Olivé Iglesias, MSc
Associate Professor Holguin University, Cuba
Author, Poet, Writer, Editor, Reviewer, Translator

I take great pride today in saying that I have written two previous books of reviews about Don Gutteridge, the bard, the friend. The first, *Five Canadian Poets* (QuodSermo Publishing, 2021), accompanied by four other luminaries of Canadian poetry; the second one, *The Canadian Poet Who Wrote Himself Whole* (QuodSermo Publishing, 2022), which was entirely about his life and work. His oeuvre is unstoppable, his pen indefatigable, his commitment eternal, as he confessed to me in an interview for the first book, *"Nothing short of a stroke could stop me from writing poetry... I seem to dream poems and wake up writing them... I am very fortunate that the Muse has never let me down."*

This is so auspiciously true about Gutteridge's poetic gift. Longevity of body, mind and penmanship has accompanied the bard and made him one of the most high-volume, first-class writers of a nationwide mega-generation of Canadian contemporary poets. He can be counted amongst the top, amongst the greatest of his time. The Muse has been fortunate a man like Gutteridge was born to enter and stay, successfully, in "poetdom" (my coinage), and has been more than able to bequeath a treasure of poetry books—forty three!

Now inching towards 90, the year 2023 is no exception to his urges of writing (and not only for *A Bumper Crop!*). Don Gutteridge has published *A Bumper Crop*, a powerful, all-encompassing book of *over eighty poems*, which retain the freshness, imagery and profound love he has endowed all of his production with. The book came to me through Richard Grove, publisher, editor and friend, whose devotion to publishing jewels of Canadian poetry is, in my view, legendary—and necessary. He has published numberless books written by Don. Grove asked me to write an essay about this latest book and translate the poems therein.

I resort to the words of R. G. Moyles (The University of Alberta, in The Journal of Canadian Poetry) to offer the readers criteria other than mine, so they can actually visualise who Don Gutteridge is and where he stands in Canadian poetdom: *"Literary critics will have much to say about Gutteridge's uniquely Canadian vision. I am content that his poetry is accessible, unobtrusive, delights the ear, stirs the heart and even enters into the soul. It is the art that mirrors inner life."*

Thus once more I succumbed to the charm of Gutteridge's word and, journeying across his major leitmotifs and passions, I undertook the laborious yet edifying, heart-warming tasks of reviewing Don's new pieces and the extra challenge of translating his work. I stated in my second book about him that, in reading and interpreting Gutteridge, *"The journey turned out to be one of pleasure, rediscovery, relearning and ethical-aesthetic enlightenment."* This year 2023 with him does not let go of these attributes.

A Bumper Crop 1 then includes forty-one of his latest poems. The second part will be published not too long after this one, with the rest of the proposal. As merely a reader, I initially thought Don's title meant he would regale us with land-related pieces. This would have been no shocker, as the author has covered throughout his stunning career many themes, naming people, events and places, a feature I will go back to later in my review. Moyles speaks of *"Gutteridge's uniquely Canadian vision"* to focus on reality and engrave it on paper with his *sui generis* artistry, because Don's poems breathe art.

However, when I was asked to read and review and translate, I was immersed headlong in the broad significance of the title: a poetry book with more than eighty poems! That is quite a bumper crop of poetry, a laudable poetic deed leaving for posterity innovative proposals in perspective, wording, moulding of the concept and tessitura—thus honouring the quintessence of *creative* writing—even when the cherished, established themes Gutteridge has been writing about are there. Shakespeare wrote, "*So is my love still telling what is told.*" But, don't be misled. As commented, the sweetness-vigor, originality-recurrence and style-message topnotch Don monolith continues to be immaculate, luring, outstanding. Behold a portion of the monolith reading this fragment from the opening poem, "When the Gloaming Lets Go":

> *There was always something*
> *unsettled when the gloaming*
> *let go and the dark came down*
> *on Monk and Michigan like a*
> *shudder, and Mara's lamp*
> *blinked on like a marigold moon,*
> *and under its lean light*
> *it was ever hide-and-go-seek*
> *with the summer humming inside…*

Monk and Mara, for example, are well-known references in his books. Yet they come to us again in a context which is familiar but it does not tarnish the embracing atmosphere the poet succeeds in depicting, nor does it repeat itself in trite lines. The transition from dusk to full nightfall takes hold of the readers, as they might expect "*something unsettled.*" Then the poet is wise to clear the darkness and say "*it was ever hide-and-go-seek.*" If there were no praiseworthy quality in Gutteridge's poetry—which is not true!—I would always defend his adherence, his loyalty to memories that travel as far back as it is possibly human. Those memories carry the bonus element of including family, friends, colleagues, acquaintances, events, facts, thoughts about life and death, etc. Don's portentous capacity to remember the minutest of details is formidable ("Some Names"):

> *... Susan Coote*
> *for one: astride her birthday*
> *bike on the private preserve*
> *of my walk, and there I am:*
> *feet splayed, arms*
> *akimbo, full of my seven-*
> *year self, blocking*
> *her way, and I feel some*
> *soaring satisfaction*
> *at the fear I prompt in her surprise...*

The poet was only seven and he could remember place, positions, feelings! A high point in the poem is its already emerging moral aspect. Right upon the very disagreeable act, the little boy sees what he has done, and is fraught with shame. The poet is depicting a rising phenomenon of social implications and condemning it at the same time:

> *... and when she meekly retreats,*
> *I am shaken with a shame*
> *that suddenly has a name:*
> *bully.*

If there is still any doubt, I can refer the readers to Don's *Home Ground* (Hidden Brook Press, 2018), the first Don book I reviewed, and they will pick the same observant *keeper of memories*, like a caring photographer storing image-remembrances so they never fade: "*I first wandered into / my grandfather's work- / shop, and watched the hands / I loved / guide a lozenge / of elm or oak through the burr / and bite of the band-saw, / a particle of the puzzle he was perfecting / piece by filigreed piece, / and I nuzzled in closer...*" (Poem "Helm")

While utterly given to the endeavor of safeguarding memories, many dear people are memorialised as well. Family are at the forefront, old and more recent friends, colleagues, acquaintances related to sad events, experiences as a growing individual, thoughts about poetry itself, etc. Particularly poignant is his recollection of the child Effie Free, in the poem "A Nickel's Worth." His narration of what happened is heartbreaking. The poet is able to oppose the joyful *joie de vivre* of a five-year-old girl and the tragedy of what occurs to her in a split second. An intensely humane Gutteridge cannot forget the fateful event and eternalises it:

> *Effie Free,*
> *left home for a hop, skip*
> *and jump across the road*
> *with a nickel in her fist... /*
> *... till the day*
> *a cruising Cadillac caught her*
> *on a bound, and she lay there*
> *on the cold pavement...*

Besides the many reminiscences Gutteridge kindles and shelters in his writing, we realise we are in the presence of a cultivated human being. His erudition easily dances across a hall of allusions chiefly literary in character (Shakespeare, Keats, Dickinson, Wordsworth, John Lee), but his poems also describe parallel cultural events, like opera, rugby, a wedding, and so on:

> "Prothalamium"
> *For Shahrzad and Tim*
> *(with a nod to Shakespeare's Sonnet 116)*
>
> *Yours will be the marriage*
> *of true minds, as the Bard*
> *once rhapsodized:*
> *two souls seeing*
> *a world in the other's eyes,*
> *and no impediment to your live-*
> *long love shall be admitted...*

The echoes of Shakespeare's Sonnet 116 are obvious and welcome ("*Let me not to the marriage of true minds admit impediments...*"). Gutteridgde stands too as a seasoned chronicler of his times. "*Walmart* A-Lot" is a vivid example of a socio-cultural singularity being put to poetry.

> *There is something surreal*
> *about the Walmart, perched*

on the late-day pavement,
the letters of its calling-card,
a bloated alabaster alphabet
touting its timely merchandizing
arrival...

The Shakespeare inspiration in his writing deserves extra analysis. In reading many of his poems, not just "Prothalamium," I notice Don has managed to write like a classic poet (classic understood as *"judged over a period of time to be of the highest quality" – taken from Concise Oxford English Dictionary, digital version*; and *"DEFINITIVE, authoritative; outstanding, first-rate, first-class, best, finest, excellent, superior, masterly" – taken from Concise Oxford Thesaurus, digital version*). Don Gutteridge ticks all the boxes. This notion goes hand in hand with his superb lyrical prowess, especially in the poems dedicated to Anne. These are sweet pieces that I, a hopeless romantic, simply fell for:

"Come and Lie Beside Me"
Come and lie beside me
and let the morning alight
like a bride's blush, and I
shall hold your hand in mine
like a talisman of all we've been
and done since first we bid
our bodies be...

Language and syntax, spirit and devotion render these lines a doubtless Shakespearean halo. One cannot avoid being caught in the beautiful simplicity—or the simple beauty—of the proposal and its nostalgic aura. Another lyrical piece is "Bliss-Tinged":

... your fingers finding solace
in mine, and the harvest moon
cruised above like a gilded
galleon in a sluggish sea,
and the stars glittered as if
the firmament itself were afire...

Notice the exquisite use of expressive means to convey emotion and ecstasy: *"the harvest moon... like a gilded galleon... / ... the stars glittered as if the firmament… were afire.*" A simile in "*like a gilded galleon,*" a metaphor in "*the firmament… afire,*" tell us of the high poet owner of the subtleties of language to create effects that speak of his passion.

Tremble with these closing lines in "February 14":

> … *on the off-chance*
> *I might put the "Oh!"*
> *back in "romance," I bring you*
> *a dozen red roses,*
> *fresh from the garden of my heart,*
> *where you, O mistress mine,*
> *have always been my Valentine.*

A few lines before, I spoke of the chronicler, the keeper of memories, the photographer. Gutteridge has done more than that: he has taken his poetry to the next level. In reference to a Canadian icon, Al Purdy, Michael Ondaatje stated that Purdy performed, according to him, "*two of the most crucial duties of a poet: to map and to name…*" (*taken from The Ambassador, volume 015*). A read of Gutteridge's plentiful poetry, including of course *A Bumper Crop*, I cannot fail to notice that Gutteridge has played his influential part in doing this too.

His place of origin, the little town where was raised, places he went, locations that became symbols in his life for professional or personal reasons, and so many other names he rescues from oblivion and reaffirms on the Canadian map, are listed along his forty-three books! This "Purdian" legacy enriches Don's own heritage. It must be pinpointed that Gutteridge not only maps spatially but also *temporarily*, as he adds dates, especially years, to his poems.

I have praised Gutteridge's exquisite language, flowing syntax, the way he fondles them and lays them down on the blank piece of paper "*dressing* [them] *new,*" as Shakespeare said and did! Yet, the poet also explores and exploits, masterly, colloquial language that complements description, context, register, locality, norm, moods or age. A quick example would be his Gran's utterance in "Long Before," where he introduces "haveta" to represent accurately the language being used:

> … *Gran would give me*
> *her best grandma-grin,*

as if to say, "You just haveta
have the knack."

But his alchemy with poetry does not stop at harmoniously knitting wondrous literary vocabulary with colloquial expressions to color the scene he is "painting." Don is also the humourous-critical being, who has suffered, has lost much; but rises above his pain and finds solace in bits of humour he sprinkles with noticeable ability and irony (also in "Long Before"):

... my gran began
whacking them with a webbed-
wire weapon some unreformed
Nazi might condone...

We see witty, mischievous humour in "Drummer" (I won't quote the end lines here, also clever and funny, not to spoil the readers´ enjoyment of the whole poem), and also in "A Good Hug":
"Drummer"

Shirley sets the stage
for her drum majorette's
vignette with a high-stepping
strut that shows the gathered
gawkers a shimmer of thigh
and lots of girly crotch...

In my six years, give or take a few months, studying Canadian poetry, I have been able to outline some of the characteristics of the poets I have read. These can be summarised in the following ideas:

A deep connection to the land, seen in their descriptions of what surrounds them, whatever the season, and the impressive magnificence of their country.

Identification with nature, evidenced in their detailed, admirable descriptions of outdoor life.

Rooted sense of belonging to Canadian geography plus social-thought ramifications therefrom.

A feeling of proud nationality/nationhood.

Freshness and versatility in the use of expressive means and images. Some are particularly salient and heart-warming: their commitment to family and values. In addition are the poets´ reminiscences of childhood and their recollection of friends and friendship.

These features are part and parcel; they are DNA, in many Canadian poets. Either explicitly or implicitly, veiled or openly exposed, they visit their land, their contexts, their *all-kind* experiences, their memories, and return to their blank papers, or PC screens, to forge poetry. I have commented in earlier works that element, and exemplified with other poets. Don Gutteridge is no stranger to these features. I invite the readers to an act of reflection when they read, turning their reading into a meta-cognitive process (meta-reading – analyzing what is read), and explore-discover these aspects in Gutteridge's oeuvre as an entirety. I include lines from the poem "Haze," which is an example *par excellence* of feature number 5. Please read the fragment (later the whole piece) and close your eyes, you will have to sigh:

> *In my harried octogenarian*
> *haze, when my days pass by*
> *in a mock-opera dither,*
> *I yearn for the clarity you brought*
> *when love bloomed between us*
> *like a rose resurrected*
> *in leavening light, ruthlessly*
> *radiant and blood-lovely...*

This is the wistful man, the bereaved husband, the aging poet, who recalls—with unlimited love and sensitivity, with unsurpassable lyricism—his dearest wife, and talks to her in a touching conversation I feel is actually happening; because for him *it is*! The intimate dialogue seems real to us inasmuch as it is real for the poet. We read a poet at the cusp of his emotion and nostalgia, finding an escape to his pain writing tear-provoking lines.

Many readers may have wondered at the title of my essay. John B. Lee, whom Don honours in one of his poems, said: "... *the poems that visit my desk and flow through my pen. I am simply a vessel, and I am thankful when the muses visit,*" and Don himself told me that *he was very fortunate the Muse had never let him down*. This is so true. Muses, inspiration, events, losses, gains, people, places, remain in Don's work as durable and vibrant as when he started writing.

What remains an undisputable fact is that, whether in *A Bumper Crop* or in the totality of his lifetime astonishing work, Don has been loyal to his style, which is elegant, poised, refined (familiar when needs be), leaving an imprint on paper and on Canadian poetdom that will be hard to emulate and overcome. His gracefulness and sizable contribution to poetry and literature, to Canadian culture throughout decades of tireless writing and deserved publishing, motivated Richard Grove to call him The Prince of Contemporary Canadian Poetry. I second that title one-hundred *per cent.*

As to why a contemporary Shakespeare, I have been revealing that across the essay. Nevertheless, I insist in my proposal of reading closely through his *A Bumper Crop* and the rest of his oeuvre. Those acquainted with Shakespeare and his style will be lucky to sense a connection between them, a convergence of manner and technique, and that magic that is invisible but travels from 1616 to 2023 nourishing Gutteridge's own penmanship and pulses, universal, in his poetics. Of course, I cannot finish my essay without offering a categorical illustration of that Shakespearean radiance in Don. Let's read extracts from Shakespeare's Sonnet 18 first:

"Shall I compare thee to a summer's day?
Thou art more lovely and more temperate... /
... But thy eternal summer shall not fade,
Nor lose possession of that fair thou ow'st,
Nor shall death brag thou wander'st in his shade,
When in eternal lines to time thou grow'st,
So long as men can breathe, or eyes can see,
So long lives this, and this gives life to thee."

Now, let's be back with our Prince, our Shakespeare. The Bards overlap temporarily and leave us their splendid pieces. Gutteridge has lived long and given to the readership a lifetime of rhymes and rhythms. I have modestly tried to explore and reveal the why of my title in this essay but above all, the greatness of a humble Point Edward kid who grew into a giant, fertile sculptor of contemporary Canadian poetry. I conclude my essay then with Don's "Ever Enough":

Be still, my love, upon
your silken pillow, and let
the moonlight gild us
in its ghostly glow, for this
is the hour we are most alive:
our thawed bodies but a breath's
effort apart, beyond the
dark's erotic reach,
and we can feel the kneading
beat of the other's heart...

El Príncipe y Shakespeare de la poesía contemporánea canadiense: Una vida de rimas y consonancias

Miguel Ángel Olivé Iglesias, MSc
Profesor Auxiliar Universidad de Holguín, Cuba
Autor, Poeta, Escritor, Editor, Ensayista, Traductor

Me enorgullece decir hoy que he escrito dos libros anteriores de reseñas sobre Don Gutteridge, el bardo, el amigo. El primero, *Cinco poetas canadienses* (QuodSermo Publishing, 2021), acompañado por otras cuatro luminarias de la poesía canadiense; el segundo *El poeta canadiense que se hizo escribiendo* (QuodSermo Publishing, 2022), dedicado enteramente a su vida y su trabajo. Su obra es indetenible, su pluma incansable, su entrega eterna, como me confesó en una entrevista para el primer libro: *"Nada excepto un derrame podría hacer que dejara de escribir poesía... Yo creo que sueño poemas y me despierto escribiéndolos... Soy muy afortunado de que la Musa nunca me haya abandonado"*.

Esto es tan afortunadamente real en cuanto al don poético de Gutteridge. Longevidad de cuerpo, mente y arte de escribir ha acompañado al bardo y lo ha convertido en uno de los escritores más fecundos, de más calidad dentro de una mega-generación nacional de poetas contemporáneos canadienses. Se puede incluir entre los cimeros, entre los más grandes de su tiempo. La Musa ha sido afortunada de que un hombre como Gutteridge haya nacido para entrar y permanecer, exitosamente, en el "poe-reino" (mi término), y haya sido más que capaz de legar un tesoro de libros de poesía—¡cuarenta y tres!

Ahora camino a sus noventa, el año 2023 no ha sido la excepción para sus ansias de escribir (¡y no solo por *La gran cosecha*!). Don Gutteridge ha publicado *La gran cosecha*, un poderoso, abarcador libro de *más de ochenta poemas*, los cuales retienen la frescura, la imaginería y el profundo amor que le ha conferido a toda su producción. El libro llegó a mí a través de Richard Grove, editor y amigo, cuya devoción a publicar joyas de la poesía canadiense es, en mi opinión, legendaria—y necesaria. Ha publicado incontables libros escritos por Don. Grove me pidió que escribiera un ensayo sobre su último libro y tradujera los poemas.

Recurro a las palabras de R. G. Moyles (Universidad de Alberta, en La Revista de la Poesía Canadiense) para dar a los lectores otros criterios que no sean los míos, para que puedan realmente visualizar quién es Don Gutteridge y donde está en el poe-reino canadiense: "*Los críticos literarios tendrán mucho que decir sobre la visión canadiense única de Gutteridge. Me satisface que su poesía sea accesible, modesta, que acaricie el oído, mueva al corazón e incluso penetre el alma. Es el arte que hace andar la vida interior*".

Por ello una vez más sucumbí al encanto de la palabra de Gutteridge y, viajando a lo largo de sus grandes temas y pasiones, asumí las exigentes pero edificantes, alentadoras tareas de reseñar los nuevos poemas de Don y el desafío extra de traducir su trabajo. En mi segundo libro sobre él dije que, al leer e interpretar a Gutteridge, "*El viaje se volvió un momento de placer, redescubrimiento, reaprendizaje e iluminación ético-estética*". Este año 2023 con él no pierde estos atributos.

La gran cosecha 1 incluye entonces cuarenta y uno de sus últimos poemas. La segunda parte se publicará en breve después de esta, con el resto de la propuesta. Como un mero lector, inicialmente pensé que el título de Don quería decir que nos obsequiaría piezas relacionadas con la tierra. Esto no hubiera sido una sorpresa, ya que el autor se ha acercado a lo largo de su asombrosa carrera a muchos temas, nombrando personas, sucesos y lugares, una característica que retomaré luego en mi ensayo. Moyles habla de "*La visión canadiense única de Gutteridge*" para acercarse a una realidad y grabarla sobre el papel con su habilidad artística, porque los poemas de Don respiran arte.

Sin embargo, cuando se me pidió que leyera y reseñara y tradujera, me sumergí de frente en el amplio sentido del título: ¡un libro de poesía con más de ochenta poemas! Es esa realmente una gran cosecha, un logro poético loable que deja para la posteridad propuestas innovadoras en términos de perspectiva, palabra, modelación del concepto y tesitura—honrando así la esencia de la escritura *creativa*—incluso cuando los temas apreciados, establecidos sobre los que Gutteridge ha estado escribiendo están ahí. Shakespeare escribió, "*Así anda mi amor aún diciendo lo que se ha dicho*". Pero, no se dejen engañar. Como comenté, el monolito de primera de Don con su dulzura-vigor, originalidad-recurrencia y estilo-mensaje continúa inmaculado, atrayente y excepcional.

Vean una parte de ese monolito leyendo este fragmento del poema que abre el libro, "Cuando el crepúsculo se despide":

> *Perennemente había algo*
> *incierto cuando el crepúsculo*
> *se despedía y la oscuridad descendía*
> *sobre Monk y Michigan como un*
> *temblor, y la lámpara de Mara*
> *continuaba destellando como una luna de caléndula,*
> *y bajo su tenue luz*
> *era siempre jugar a las escondidas*
> *con el verano tarareando dentro…*

Monk y Mara, por ejemplo, son conocidas referencias en sus libros. Pero llegan a nosotros otra vez en un contexto que es familiar mas no daña la atmósfera inclusiva que el poeta logra describir, ni se repite en líneas manidas. La transición del crepúsculo a la noche total se aferra a los lectores, ya que podrían esperar "*algo incierto*". Entonces el poeta es inteligente para aclarar la oscuridad y dice que "*era siempre jugar a las escondidas*".

Si no hubiera cualidad laudable en la poesía de Gutteridge—¡lo que no es así!—siempre defendería su adhesión, su lealtad a los recuerdos que viajan hacia atrás tanto como es humanamente posible. Esos recuerdos llevan el elemento extra de incluir la familia, los amigos, colegas, conocidos, sucesos, hechos, ideas sobre la vida y la muerte, etc. La portentosa capacidad de Don para recordar los detalles más precisos es formidable ("Algunos nombres"):

> *Susan Coote*
> *por ejemplo: montada en su bicicleta*
> *de cumpleaños en el privado coto*
> *de mi camino, y allí estoy:*

> *pies abiertos, brazos*
> *en jarras, pletórico de mi ego*
> *de siete años, bloqueando*
> *su camino, y siento una*
> *desorbitada satisfacción*
> *del miedo que pongo en su sorpresa…*

¡El poeta tenía solo siete años y pudo recordar lugar, posiciones, sentimientos! Un punto alto en el poema es su ya incipiente aspecto moral. Justo después de su muy desagradable acto, el pequeño chico se da cuenta de lo que ha hecho, y se llena de vergüenza. El poeta describe un fenómeno en alza con implicaciones sociales y lo condena al mismo tiempo:

> *y cuando humildemente ella se retira,*
> *me estremezco con una vergüenza*
> *que de repente tiene un nombre:*
> *intimidador.*

Si queda alguna duda, puedo remitir a los lectores al libro de Don *Home Ground* (Hidden Brook Press, 2018), el primero de sus libros que reseñé, y notarán el mismo observador *guardián de los recuerdos*, como un cuidadoso fotógrafo que guarda remembranzas para que nunca empalidezcan: "*La primera vez que deambulé hasta / el taller de mi abuelo, / y vi las manos / que yo amaba / guiar una tabla / de olmo o roble por entre el zumbido / y mordido de la sierra de cinta, / una partícula del puzle que estaba perfeccionando / pieza a pieza afiligranada, / y me acerqué más…*" (Poema "Timón")

Mientras se da totalmente al esfuerzo de preservar las memorias, guarda en el recuerdo muchas personas queridas también. La familia está primero, antiguos y recientes amigos, colegas, conocidos relacionados a tristes sucesos, experiencias como persona en crecimiento, reflexiones sobre la poesía, etc. Particularmente conmovedor es su recuerdo de la niña Effie Free, en el poema "Lo que costó un níquel". Su narración de lo que pasó es descorazonadora. El poeta logra oponer la jubilosa alegría de vivir de una niña de cinco años y la tragedia de lo que le ocurre en un instante. Un Gutteridge intensamente humano no puede olvidar el fatídico hecho y lo perpetúa:

Effie Free,
salía de casa para un salto, brinco
y vuelta por el camino
con un níquel en su puño... /
hasta que un día
un Cadillac de paso la golpeó
en un salto, y ella se quedó allí
sobre el frío pavimento...

Además de las muchas reminiscencias que Gutteridge aviva y protege en sus escritos, nos damos cuenta que estamos en presencia de un ser humano culto. Su erudición danza fácilmente a través de un salón de alusiones sobre todo literarias (Shakespeare, Keats, Dickinson, Wordsworth, John Lee), pero sus poemas también describen sucesos culturales paralelos, como la ópera, el rugby, una boda, y otros:

"Protalamio"
A Shahrzad y Tim
(con una reverencia al Soneto 116 de Shakespeare)

Vuestro será el matrimonio
de verdaderas mentes, como el Poeta
una vez escribió entusiasmado:
dos almas viendo
el mundo en los ojos del otro,
y ningún impedimento a vuestro siempre-
eterno amor será permitido...

Los ecos del poema 116 de Shakespeare son obvios y bien recibidos ("*Permítanme a la unión de grandes mentes no hallarle obstáculos...* "). Gutteridge se erige además como un experimentado cronista de sus tiempos. "*Walmart* bastante" es un vívido ejemplo de una singularidad socio-cultural que es llevada a la poesía.

Hay algo surrealista
con respecto a Walmart, posado
sobre el pavimento ya en la tarde,
las letras de su tarjeta de visita,

un hinchado alfabeto de alabastro
pregonando su oportuno arribo
de mercancías…

La inspiración que deja Shakespeare en su obra merece análisis extra. Al leer muchos de sus poemas, no solo "Protalamio", me doy cuenta que Don se las ha arreglado para escribir como un poeta clásico (clásico entendido como "*considerado por un periodo de tiempo como de la calidad más elevada*" – tomado de *Concise Oxford English Dicitonary, formato digital*); y "*DEFINITIVO, con autoridad, descollante, de primer nivel, el mejor, el más acabado, excelente, superior, con maestría*" – tomado de *Concise Oxford Thesaurus, formato digital*). Don Gutteridge cumple con todos estos requerimientos. Esta concepción se une a su soberbia lírica escrita con habilidad superior, especialmente en los poemas dedicados a Anne. Son estas tiernas piezas de las que yo, un romántico perdido, me enamoré:

"Ven y recuéstate a mi lado"
Ven y recuéstate a mi lado
y deja la mañana encenderse
como el sonrojo de una novia, y yo
tomaré tu mano en la mía
como un talismán de todo lo que hemos sido
y hecho desde que por primera vez dejamos
que nuestros cuerpos existieran…

Lenguaje y sintaxis, espíritu y devoción le otorgan a estas líneas un indudable halo a lo Shakespeare. No podemos evitar quedar atrapados en la hermosa simplicidad—o la simple hermosura—de la propuesta y su aura nostálgica. Otra pieza lírica es "Teñida de dicha":

… tus dedos encontraban solaz
en los míos, y la luna de siega
cruzaba encima como un galeón
dorado en un mar letárgico,
y las estrellas refulgían como si
el firmamento mismo estuviera en llamas…

Nótese el exquisito uso de medios expresivos para transmitir emoción y éxtasis: "*la luna de siega… como un galeón dorado… / … las estrellas refulgían como si el firmamento... ... estuviera en llamas"*. Un símil en *"como un galeón dorado..."*, una metáfora como *"el firmamento... en llamas"*, nos hablan del gran poeta amo de las sutilezas del lenguaje para crear efectos que hablan de su pasión. Tiemblen con estas líneas de cierre en "Febrero 14":

> *... en caso de*
> *que pudiera poner el "¡Oh!"*
> *de vuelta en "romance", te traigo*
> *una docena de rosas,*
> *frescas del jardín mi corazón,*
> *donde tú, Oh mi dueña,*
> *siempre has sido mi Valentín.*

Con anterioridad, hablé del cronista, del guardián de los recuerdos, del fotógrafo. Gutteridge ha ido más allá: ha llevado su poesía al siguiente nivel. En referencia a un ícono canadiense, Al Purdy, Michael Ondaatje dijo que Purdy cumplió, en su opinión, *"dos de los más cruciales deberes de un poeta: poner en el mapa y nombrar..."* *(tomado de El Embajador, volumen 015)*. Una lectura de la amplia poética de Gutteridge, incluida por supuesto *La gran cosecha*, permite ver que Gutteridge ha tenido una parte destacada en esto también. Su lugar de origen, el pequeño pueblo donde se crió, lugares a los que fue, locaciones que se convirtieron en símbolos en su vida por motivos profesionales o personales, y tantos otros nombres que rescata del olvido y reafirma en el mapa canadiense ¡son listados a lo largo de sus cuarenta y tres libros! Esta herencia "Purdy" enriquece el propio legado de Don. Debemos señalar que Gutteridge no solo pone en el mapa espacialmente sino además *temporalmente*, ya que agrega fechas, especialmente años, a sus poemas.

He alabado el exquisito lenguaje de Gutteridge, su sintaxis fluida, la manera en que les acaricia y les coloca sobre el papel en blanco *"renovándoles"* ¡como dijo e hizo Shakespeare! No obstante, el poeta también explora y explota, magistralmente, el lenguaje coloquial que complementa descripción, contexto, registro, localidad, norma, estados de ánimo o edad. Un rápido ejemplo sería la frase de su abuelita en "Mucho antes", donde introduce "tienes que" [aquí se complejiza la traducción del verbo coloquialmente graficado en inglés, "haveta", que viene siendo "tienes que" unido] para representar exactamente el lenguaje que se usa:

> *… Abu me regalaría*
> *su mejor sonrisa de abuela,*
> *como diciendo, "Tienes que*
> *tener la maña".*

Pero su alquimia con la poesía no se detiene en tejer armoniosamente excelente vocabulario literario con expresiones coloquiales para matizar la escena que "pinta". Don también es el ser humorista-crítico, quien ha sufrido, ha perdido mucho; pero se levanta por encima de su dolor y encuentra solaz en toques de humor que riega con notable habilidad e ironía (también en "Mucho antes"):

> *… mi abuelita comenzaba*
> *a golpearlas con un instrumento*
> *de alambre entretejido que algún inveterado*
> *Nazi aprobaría…*

Vemos un agudo, picaresco humor en "Tamborera" (No citaré las líneas finales aquí, también astutas y cómicas, para no echarle a perder a los lectores su disfrute del poema completo), y también en "Un buen abrazo":

> "Tamborera"
> *Para Shirley McCord*
>
> *Shirley prepara el escenario*
> *para su acto*
> *de tamborera mayor con un contoneo*
> *de pisada alta que enseña a los tímidos*
> *reunidos un filo de muslo*
> *y gran cantidad de entrepierna femenina…*

En mis seis años, unos meses más unos meses menos, estudiando la poesía canadiense, he sido capaz de esbozar algunas de las características de los poetas que he leído. Se pueden resumir en las siguientes ideas:

Profunda conexión con la tierra, vista en sus descripciones de lo que les rodea, cualquiera que sea la estación, y la impresionante magnificencia de su país.

Identificación con la naturaleza, evidenciada en sus descripciones detalladas, admirables de la vida al aire libre.

Arraigado sentido de pertenencia a la geografía canadiense además de las implicaciones de reflexión social que se desprenden de ello.

Un sentimiento de orgullosa nacionalidad y existencia como nación. Frescura y versatilidad en el uso de los medios expresivos y las imágenes. Algunas son particularmente notables y reconfortantes: su devoción a la familia y los valores. Además se aprecian las reminiscencias de los poetas sobre su niñez y sus recuerdos de amigos y de la amistad.

Estas características son parte integral; son el ADN, en muchos poetas canadienses. Ya sea explícitamente o implícitamente, veladas o reveladas abiertamente, visitan su tierra, sus contextos, sus experiencias *de todo tipo*, sus memorias, y retornan a sus papeles en blanco, o pantallas de computadoras, para forjar poesía. He comentado en anteriores trabajos ese elemento, y ejemplificado con otros poetas. Don Gutteridge no es ajeno a estas características. Invito a los lectores a un acto de reflexión cuando lean, convirtiendo su lectura en un proceso meta-cognitivo (meta-lectura – analizar lo que se lee), y exploren-descubran estos aspectos en la obra de Gutteridge en su conjunto. Incluyo líneas del poema "Niebla", que es un ejemplo por excelencia de la característica número 5. Por favor lean el fragmento (luego toda la pieza) y cierren sus ojos, tendrán que suspirar:

> *En mi asolada octogenaria*
> *neblina, cuando mis días pasan*
> *como en la distorsión de una burlona ópera,*
> *anhelo la claridad que traías*
> *cuando el amor florecía entre nosotros*
> *como una resurrecta rosa*
> *en fermentante luz, despiadadamente*
> *radiante, y adorablemente sangrante...*

Es este el hombre nostálgico, el esposo afligido, el poeta que envejece, quien recuerda—con ilimitado amor y sensibilidad, con lirismo insuperable—a su querida esposa, y le habla en una conversación conmovedora que yo siento está realmente sucediendo; ¡porque para él *sí está sucediendo*! El diálogo íntimo parece real en la misma medida en que es real para el poeta. Leemos a un poeta en la cúspide de su emoción y su añoranza, que busca un escape a su dolor escribiendo líneas que arrancan lágrimas.

Muchos lectores deben haberse preguntado por qué el título de mi ensayo. John B. Lee, a quien Don reverencia en uno de sus poemas, dijo: "… los poemas que visitan mi escritorio y fluyen a través de mi pluma. Soy simplemente un recipiente, y estoy agradecido cuando me visitan las musas", y Don me dijo que *él era muy afortunado de que la Musa nunca lo hubiera abandonado*. Esto es tan cierto. Las Musas, la inspiración, los sucesos, las pérdidas, lo logrado, la gente, los lugares, permanecen en el trabajo de Don tan perdurables y vibrantes como cuando comenzó a escribir.

Lo que sí es un hecho indiscutible es que, ya sea en *La gran cosecha* o en la totalidad de su gigantesca obra de la vida, Don ha sido leal a su estilo, que es elegante, ecuánime, refinado (familiar cuando es necesario), dejando una huella sobre el papel y sobre el poe-reino que será difícil de emular y superar. Su garbo y enorme contribución a la poesía y la literatura, a la cultura canadiense a lo largo de décadas de escribir incansablemente y publicar de manera merecida, motivaron a Richard Grove a llamarlo El Príncipe de la Poesía contemporánea canadiense. Secundo ese título al ciento por ciento.

Con referencia a por qué un Shakespeare contemporáneo, he estado revelando esto a lo largo del ensayo. No obstante, insisto en mi propuesta de leer detenidamente *La gran cosecha* y el resto de su obra. Aquellos familiarizados con Shakespeare y su estilo tendrán la fortuna de notar una conexión entre ellos, una confluencia de método y técnica, y esa magia que es invisible pero viaja desde 1616 hasta 2023 nutriendo el estilo del propio Gutteridge y que pulsa, universal, en su poética. Por supuesto, no puedo concluir este ensayo sin ofrecer una ilustración categórica de ese esplendor a lo Shakespeare en Don. Leamos fragmentos del Soneto 18 de Shakespeare primero:

"¿Entre el verano y tú? Te impones.
Más apacible eres y más hermosa… /
… Mas tu verano eterno se alza,
Sin que perezca nunca su hermosura,
Porque la muerte en ti se torna falsa,
Y en verso inmortal tu luz perdura,
Mientras respire un hombre, mientras perciba,

Mientras viva este verso, tú estarás viva". [traducción del editor]

Retornemos ahora a nuestro Príncipe, nuestro Shakespeare. Los Bardos coinciden temporalmente y nos dejan sus espléndidas piezas. Gutteridge ha vivido lo suficiente y dado al público lector una vida de rimas y consonancias. He tratado de modestamente explorar y revelar el porqué de mi título en este ensayo pero sobre todo, la grandeza de un humilde chico de Point Edward que devino un colosal, fértil escultor de la poesía contemporánea canadiense. Concluyo mi ensayo entonces con el poema de Don "Siempre es suficiente":

No te muevas, mi amor, de tu
almohada de seda, y deja
que la luna nos dore
en su brillo fantasmal, porque esta
es la hora en que estamos más vivos:
nuestros distendidos cuerpos a la distancia
de solo el esfuerzo de un suspiro, más allá del
alcance erótico de la oscuridad,
y podemos sentir el moldeado
latido de nuestros corazones…

Sources of the quotations after the Foreword by the Editor / Fuentes de las citas a continuación del Prólogo del Editor

Jesús Medina's quote <u>in Spanish</u> taken from *Sweet Cuba. The Building of a Poetic Tradition: 1608-1958* by Canadian Poet Laureate John B. Lee and Cuban PhD Manuel de Jesús Velázquez León / La cita de Jesús de Medina tomada de *Dulce Cuba. Forja de una tradición poética: 1608-1958* del Poeta Laureado canadiense John B. Lee y el cubano DrC Manuel de Jesús Velázquez León (Canada Cuba Literary Alliance, 2010) [translation into English by / traducción al inglés de Olivé Iglesias].

Tristán de Jesús was a 19th-century Cuban poet / Tristán de Jesús fue un poeta cubano del siglo 19.

Lee's quote <u>in English</u> taken from *This is how we see the world* by John B. Lee / La cita de Lee tomada de *Así es como vemos el mundo* de John B. Lee (Hidden Brook Press, 2017) [translation into Spanish by / traducción al español de Olivé Iglesias].

John B. Lee is one of the topmost contemporary poets in Canada / John B. Lee es uno de los más encumbrados poetas contemporáneos de Canadá.

Poets' Bio sources / Fuentes de las biografías de los poetas

1. Elana Wolff – personal submission / envío personal.
2. Lucía Muñoz – cubarte.cult.cu blog-cubarte/lucia-munoz ("Lucía Muñoz, es decir, la poesía").
3. Don Gutteridge – personal submission / envío personal.
4. Luis Suárez – www.ecured.cu Luis_Carlos_Suárez ("Luis Carlos Suárez - EcuRed").

Poets' photos' sources / Fuentes de las fotos de los poetas:

1. Elana Wolff – personal submission / envío personal.
2. Lucía Muñoz – https://cubarte.cult.cu/blog-cubarte/lucia-munoz.
3. Don Gutteridge – personal submission / envío personal.
4. Luis Suárez – https://www.ecured.cu/Luis_CarlosSu.

Artist's photo's source / Fuente de la foto del artista:

Juan Maceo — http://www.uneac.org.cu/noticia/maceo-y-su-arte-en-los-fondos-patrimoniales-de-granma (the site took the picture from the Granma Provincial Newspaper *La Demajagua* / el sitio tomó la foto del Periódico Provincial de Granma *La Demajagua*).

Books in the Bridges Series
Libros en la Serie Puentes
SandCrab Books

Bridges I / Puentes I
Taste of the Rainbow / Del arco iris (2011)
Graham Ducker, Miriam E. Vera,
Merle Amodeo, Wency Rosales

Bridges II / Puentes II
Concave Mirrors / Espejos cóncavos (2013)
Paul R. Carr, Manuel García Verdecia,
Hugh Hazelton, Ernesto Galbán Peramo

Bridges III / Puentes III
Bottom of the Wine Jar / El fondo del porrón (2017)
Lisa Makarchuk, Daniel Díaz Mantilla,
Patrick Connors, Ronel González Sánchez

Bridges IV / Puentes IV
Where the Heart Lies / Donde late el corazón (2018)
AmaLuna, Jorge Alberto Pérez Hernández,
Kimberley Elizabeth Grove, Miguel Ángel Olivé Iglesias

Bridges V / Puentes V
The Heart Upon the Sleeve / Emociones al descubierto (2020)
Lourdes María González Herrero, John B. Lee,
Roberto Francisco Manzano Díaz, Richard Marvin Grove

Bridges VI / Puentes VI
The Memory Pond / El remanso de evocaciones (2024)
Elana Wolff, Lucía Esther Muñoz Maceo,
Don Gutteridge, Luis Carlos Suárez Reyes

www.ingramcontent.com/pod-product-compliance
Lightning Source LLC
Chambersburg PA
CBHW061151120626
46546CB00005B/2017